그건 내 부처가 아니다

서암 큰스님 법어집1
그건 내 부처가 아니다

초판 1쇄 인쇄 | 2013년 5월 26일
초판 3쇄 발행 | 2022년 11월 10일

지은이 | 서암 스님

펴낸이 | 김정숙
기획 | 임원영. 임혜진
편집 | 김태은, 남미영, 손명희, 이성민, 이현정,
마케팅 | 서동우
미디어 | 박영준
관리 | 이지향, 장혜령

펴낸곳 | 정토출판
등록 | 1996년 5월 17일 (제22-1008호)
주소 | 06653 서울시 서초구 효령로51길 42
전화 | 02-587-8991
전송 | 02-6442-8993
이메일 | jungtobook@gmail.com
홈페이지 | book.jungto.org

디자인 | 끄레 어소시에이츠

ISBN 978-89-85961-74-5 03220

ⓒ 2013. 정토출판

이 책 내용의 일부 또는 전부를 사용하려면 반드시 정토출판의 동의를 얻어야 합니다..

서암 큰스님 법어집 1

그건 내 부처가 아니다

서암 스님 지음

정토출판

여보게
.
.
.

어떤 한 사람이 논두렁 아래 조용히 앉아

그 마음을 스스로 청정히 하면

그 사람이 중이요, 그곳이 절이지.

그리고

그것이 바로 불교라네.

깨우침, 서암 큰스님과 인연

살아 있는 생활 선禪의 가르침

깨우침의 인연

큰스님을 처음 뵌 것은 1981년 미국 로스앤젤레스의 한 작은 절에서입니다. 그 절은 가정집 1층 반지하에 있었는데 제가 찾아갔을 때에는 주지 스님은 안 계시고 노스님 한 분만 계셨습니다. 그때 노스님께서 저를 맞이하며 하시는 말씀이 "나도 객으로 왔지만 그래도 하루라도 먼저 온 내가 자네보다 주인이 된다." 하시며 손수 비빔밥을 만들어 주셨습니다.

저녁이 되어 잠자리를 준비하는데 침대는 불편하다며 저에게 침대를 내주시고 노스님은 바닥에 자리를 펴셨습니다. 그런 편안한 분이시라 이런저런 이야기를 하게 되었습니다.

저는 중·고등학생 때부터 청소년 불교운동을 하면서 불교가 좋으면서도 한국 불교계의 부정적인 모습에 늘 비판적인 시각을 갖고 있었습니다. 그러다 1980년에 일어난 10·27 법난에 불교계가 제대로 대응하지 못하는 것을 보면서 분노하고 있었습니다. 그러던 차에 편안한 노스님을 뵙자 노스님이 마치 기존 불교를 대표하는 사람인 양, 그동안 마음에 쌓아두었던 한국 불교에 대한 비판을 쏟아냈습니다. 그렇게 두 시간 넘게 비판을 하고 나서 어떻게 하면 이런 한국 불교를 정화할 수 있겠느냐고 노스님께 물었습니다.

그러자 묵묵히 듣고만 계시던 노스님이 조용히 답하셨어요.

"여보게,

어떤 한 사람이 논두렁 아래 조용히 앉아

그 마음을 스스로 청정히 하면

그 사람이 중이요, 그곳이 절이지.

그리고 그것이 바로 불교라네."

두 시간에 걸친 비판과 질문에 대한 답은 이렇게 간단했습니다.

그러나 그 말씀은 제게 큰 충격을 주었습니다. 그동안 저는 불교를 개혁하고 새로운 불교운동을 해야 한다며 나름대로 노력하고 있었습니다. 그런데 노스님의 그 한 말씀에 불법을 말하면서도 눈은 밖으로 향해 있는 내 모습을 보았던 것입니다.

'그래. 불교라는 것은 그 마음을 청정히 하는 것이지. 그 마음을 청정히 한 사람이 수행자요, 그 수행자가 있는 곳이 절이며 그런 것을 불교라 한다. 기와집이 절이 아니고, 머리카락을 깎고 먹물옷을 입었다고 중이 아니다. 내가 지금껏 불교를 개혁한다고 했는데 이제 보니 불교 아닌 것을 불교라고 착각하고 개혁하려 했구

나. 그러니 그것은 마치 허공의 헛꽃을 꺾으려 한 것이요, 꿈속의 도둑을 잡으려고 한 셈이어서 그토록 답답할 수밖에 없었구나.'

노스님의 한 말씀으로 저의 삶과 불교 운동은 큰 전환점을 맞게 되었습니다. 잘못되었다고 비판하고 싸우는 데 에너지를 쏟기보다는 부처님의 근본 가르침을 먼저 실천하고 불교적인 대안을 제시하는 방향으로 전환하게 되었던 것입니다.

소탈한 성품

그분이 바로 당시 봉암사 조실이셨던 서암 큰스님이었습니다. 그러나 당시는 그분이 어떤 분인지도 모르는 채 큰 가르침에 감동과 고마움만 안고 한국으로 돌아왔습니다. 그러다 그 이듬해 분황사에서 청소년 수련을 할 때 분황사를 방문한 큰스님을 뵙고 그분이 서암 큰스님임을 알게 되었습니다.

그리고 몇 년이 지난 뒤 서울 비원 앞에 20평짜리 사무실을 빌려 작은 법당을 내면서 큰스님께 전화를 드려 3일간 개원 기념 법문을 해주십사 말씀드렸더니 큰스님은 단지 '미국에서 만난 아무개입니다.'는 설명만으로 흔쾌하게 응낙해 주셨습니다. 그래서 "제가 모시러 가겠습니다." 하고 말씀드렸더니 "뭘 바쁜 자네가 내려오나. 한가하고 늙은 내가 알아서 올라가지" 하셨어요.

그리고 큰스님께서는 시외버스를 타고 마장동에 오셔서 다시 시내버스를 타고 대각사에 들러 점심을 드시고 법회 시간에 맞춰

오셨습니다. 큰스님은 약속 시간에 늦은 적이 없으셨습니다. 최소한 30분 전, 보통 1시간 전에 오셨지요. 그렇게 큰스님은 서울의 어느 절에 주무시면서 저희 법당을 오가며 3일간 아침 저녁으로 법회를 해주셨습니다. 대중이라야 고작 스무 명 남짓이 모인 좁디좁은 단칸 사무실이었음에도 저희 젊은 불자들을 위해 법문을 해주셨습니다.

그렇게 하시고 봉암사에 가셔서 한 달간 몸살을 앓으셨다고 합니다. 다시 법회에 모시려고 봉암사에 전화했을 때 시봉 스님으로부터 들어서 알았지요. 그러니 비록 큰스님께서는 법회 요청을 허락하셨지만 시봉 스님에게 단단히 야단을 들을 수밖에 없었지요. 그래서 그다음 법회에는 시봉 스님이 따라 올라오셨어요. 큰스님은 그렇게 소탈하셨습니다.

또 한 번은 법회 후 질문 시간을 갖는데 한 사람이 계속 초점이 어긋나고 제자리를 맴도는 질문을 해 모두 답답하게 생각하고 있었어요. 그러자 시봉 스님도 안되겠다 싶으셨는지 큰스님께 "스님, 못 알아듣는데 그만하시지요."라고 하셨어요. 하지만 큰스님은 대수롭지 않은 듯 "아, 못 알아들으니 내가 여기까지 왔지. 알아듣는 사람만 있으면 내가 무슨 말이 필요해." 하시더니 계속해서 자상하게 답을 일러주셨지요. 저는 한편으로는 죄송스럽고, 한편으로는 포교를 어떻게 해야 하는가에 대한 깨우침을 얻기도 했습니다.

검소한 생활

큰스님께서는 서울에 오실 때나 지방 가실 때 언제나 통일호나 버스를 타고 다니시었어요. 어쩌다 새마을호 표를 끊어 드리려 하면 마다하며 꼭 통일호를 타고 가겠다고 하셨습니다. 민망한 마음에 이유를 여쭈어 보니, 첫째는 통일호 타는 노인에게는 승차비를 할인해 준다, 둘째는 통일호 의자는 딱딱해서 참선하기에 좋다며 아주 단호하셨어요.

나이가 들고 많은 사람의 존경을 받는 위치에 계시면서도 검소하게 생활하는 것이 마치 갓 출가하실 때처럼 그대로 살고 계셨지요. 우리는 지금도 그렇게 못 사는데 말입니다.

서암 큰스님이 주석해 계신 봉암사는 가은 버스터미널에서 20리가 넘는 거리입니다. 그런데 노스님은 그 거리를 늘 걸어다니셨습니다. 그래서 어쩌다 선방 수좌들이 시내에서 택시를 타고 들어오다가 큰스님이 앞에 가시면 지나칠 수도 없고 해서 어쩔 수 없이 내려서 걸어갔다 합니다.

또 대중이든 신도든 음료수를 마시는 것을 보면 "왜 맑은 물 놔두고 썩은 물을 돈 주고 사 마시나?" 하셨고, "공부하는 사람은 차 달여 마시는 것도 엉뚱한 짓"이라고 질책하셨다고 합니다.

쓸데없는 일에 욕심 안 부리고 공부에만 전념한다면 저절로 수행이 된다는 것을 큰스님께서는 늘 생활 속에서 깨우쳐 주셨습니다.

언제나 배려하는 마음

제가 포교원을 처음 개원했을 때는 자리도 좁고 돈도 없어서 불상도 못 모시고 관세음보살님 액자 하나를 모시고 시작했습니다. 어른 스님을 모시면서 법당 하나 제대로 갖추지 못한 것이 송구해서 큰스님께 "아직 불상을 모시지 못했습니다."라고 말씀드렸더니 그때 큰스님께서는 "생불이 앉을 자리도 없는데 불상이 앉을 자리가 어디 있겠느냐."며 조금도 개의치 않고 법회를 행하셨습니다.

그러다 홍제동으로 옮겨 정토포교원을 열었을 때 불상을 모시겠다고 말씀드렸더니 이번에는 큰스님이 불상 만드는 곳을 직접 찾아가셔서 주머니 속에 꼬깃꼬깃 넣어두셨던 쌈짓돈을 꺼내어 제작자에게 주시면서 "이 젊은이들은 돈이 없으니 이 돈만 받고 해주게." 하시면서, 불상은 허리가 좀 길어야 기상이 있어 보인다고 허리를 좀더 키우라고 자상하게 지시해 주셨습니다. 그러니까 저희 정토회가 처음 모신 불상은 바로 그렇게 큰스님이 해주신 것이었습니다.

1989년도 하안거 기간에는 제가 봉암사에 가서 부목을 한 철 살았습니다. 미래 사회에 대한 새로운 모색을 하려면 하던 일을 모두 멈추고 아무도 모르는 곳에서 나를 돌아보는 것이 필요하다는 생각에서 그런 시간을 마련한 것이라 다른 대중들 모르게 지낼 수 있도록 해달라고 큰스님께 부탁드렸습니다. 그래서 큰스님도 모른 척해 주셨지요.

제가 그때 부목 일을 참 죽기 살기로 열심히 했습니다. 세상에서 하던 일조차 잠시 놓고 근본을 돌아보는 생활을 하려고 그곳에 갔는데 또 그렇게 일하는 것에 빠졌던 것이지요.

하루는 땀을 콩죽같이 흘리며 장작을 패고 있는데, 큰스님이 가까이 오셔서 지나가듯 말씀하셨어요.

"최 법사, 자네 없어도 이제까지 봉암사 잘 있었네."

본분을 놓치고 일에만 집착하는 저를 그렇게 은근히 깨우쳐 주셨습니다.

그때 제가 봉암사를 찾아온 거지를 설득해서 함께 부목을 살았는데, 그는 나를 보고 '너는 중도 아닌데 뭣땜에 새벽 3시에 일어나 예불하고 또 저녁 예불도 하면서 중처럼 지내느냐?' 하면서 놀리곤 했지요. 그러다가 어느날 제가 일을 무리하게 해서 몸살이 나 몸져 눕게 되었어요. 그런데 제가 약방에 간 사이에 큰스님께서 아무도 몰래 방에 오셔서 꿀을 놓고 가셨습니다. 그것을 본 거지는 다음날로 절을 떠나버렸어요. 제가 부목이 아닌 줄 알았던 것이지요. 돌이켜보면 저는 이제까지 큰스님의 배려를 참 많이 받았습니다.

언제나 법도에 맞게

문경 정토수련원을 개원할 당시의 일입니다. 아직 길도 안 닦인 그곳에서 슬레이트 지붕의 작은 요사 하나 지어 수련원 개원 법문을 청했는데 큰스님은 흔쾌히 응하시고 땀을 흘리며 걸어오셨지요. 건물이 작아 감나무 그늘 밑에 놓인 돌 위에 앉아 법문을 하시고 저희도 돌을 깔고 앉거나 땅바닥에 앉아 법문을 듣는 그야말로 야단법석이 펼쳐졌지요. 그때 법문을 마친 큰스님께서는 저희 젊은 사람들을 기특해하시면서 돌밭을 돌아보며 "앞으로 여기에 큰 건물이 쫙 들어설 것이야."라고 하셨는데 당시에 저희는 그곳에 불사를 할 생각을 못 했는데 지금 저희들의 계획을 미리 보신 듯합니다.

큰스님은 출가 재가를 막론하고 누구나 수행 정진하는 대승불교의 정신이 잘 살려지길 바라셨지요. 그래서 1991년 제가 다시 머리를 깎고 출가했을 때 탄식하시면서 "아니! 최 법사가 죽었구먼, 죽었어." 하시면서 섭섭해하셨어요. "이 세상에 중은 흔해도 최 법사는 귀하다."는 말씀을 하시면서 아쉬워하셨지요.

종정이 되실 때에도 큰스님께서는 안 하려 하셨습니다. 그러다 원로 회의에서 그렇게 결정하고 간곡한 요청이 있자 "내가 조계종 중으로 종단에 빚이 많으니 밥값은 해야겠구나." 하시며 응하기는 하셨지만 사태가 정리되면 곧 그만둔다고 하셨습니다.

나중에 종단 사태가 발생했을 때 많은 스님들이 개혁한다며 힘으로 밀어붙이자, "세력으로 밀어붙이는 것은 불법이 아니라 폭력이야."라고 말씀하시면서 세속 법이 아니라 불법에 따라 순리로 풀기를 권하셨습니다.

결국 종정직을 사퇴하신 큰스님께서는 종단에 폐를 끼치지 않겠다며 처음 출가하실 때처럼 다시 바랑 하나 짊어지고 노구를 이끌고 한 곳에 머물지 않고 이곳 저곳을 만행하셨습니다.

그러다가 봉화에 작은 토굴을 짓고 정착하셨을 때에도 손수 끼니를 지어 드셨습니다. 제자들이 시봉하겠다고 찾아오면 바랑을 문 밖으로 내던지면서 "공부하려고 중 되었지, 남의 종 노릇하려고 중 되었냐!" 면서 야단을 쳐서 돌려보내곤 하셨습니다.

한번은 그곳을 지나다 들르게 되었는데 그때가 한겨울이었습니다. 그런데 방이 아주 냉골이라 참으로 황망한 마음에 "방이 왜 이리 춥습니까?" 하고 여쭤보니 "보일러가 많이 쓴다고 자꾸 데모를 해!" 하시는 것이었어요. 보일러가 고장났지만 혼자 계시다 보니 손을 쓸 수 없었던 겁니다. 그래도 끝끝내 큰스님은 몸을 움직일 수 있으면 됐다고 하시면서 시봉 스님을 받지 않으시려 했지요.

즐거운 가운데 깨우침을 주는 살아 있는 법문

큰스님께서는 그렇게 소탈하고 검소하게 그리고 언제나 법도에 맞게 살아오셨습니다. 그렇다고 고리타분한 것과는 거리가 멉니다. 큰스님은 번뜩이는 유머 감각으로 언제나 대중을 즐겁게 해주셨고, 그 즐거운 가운데 깨우침을 주시는 참으로 살아 있는 법문을 하셨지요.

일반 법문도 감동적이지만 특히 대담에 뛰어나셨습니다. 한번은 방송용 대담을 하는데 한 질문당 3분 이내로 해주시면 좋겠다는 진행자의 말에 "그러마." 하시더니 정말 시간을 잰 듯 정확하게 그러면서도 핵심을 밝혀주시는 말씀을 하셔서 방송 진행자가 감탄을 하였습니다.

다리가 아프면 "몸뚱이도 80년 부려먹었더니 이제 다리가 데모를 해." 하며 웃으셨고, 어느 날 파리가 밥에 앉는 것을 보고는 "아참, 그놈 발도 안 씻고 남의 밥상에 앉는다."고 하시는 등 큰스님의 유머와 번뜩이는 지혜는 우리를 늘 깨우쳐 주었습니다.

또 젊었을 때 수행하면서 경험하신 이야기도 그렇습니다. 한번은 거지들이 자기들은 하루 종일 구걸해도 많이 못 얻는데 스님이 탁발하면 자기들 보다 많이 얻으니까 큰스님 뒤를 졸졸 따라다니면서 동냥을 얻었다고 합니다.

그렇게 하루 종일 함께 다니고 저녁 무렵 마을 어귀에 도착했을 때입니다. 큰스님이 갑자기 뒤돌아서서 그 거지들을 향해 요령을 흔들며 염불을 하신 것입니다. 처음에는 다황하던 거지들도 차츰 얼굴이 환해지면서 큰스님 바랑에 그날 얻은 것을 다 넣어주면서 좋아하더랍니다. 주는 것이 기쁨임을 거지들에게 알게 해주신 것이지요. 참으로 가섭 존자 이야기가 실감나는 살아 있는 법문이지요.

불교를 전혀 모르는 대중이라도 큰스님의 말씀은 쉽고 친근하게 불법의 핵심에 다가가게 해줍니다. 옛 성인의 말씀을 인용하실 경우에도 그 예가 정확하고 쉬우면서도 옛사람의 정취를 느끼게 해주십니다. 문자로는 큰스님의 그러한 독특한 향기를 다 전할 수 없어서 아쉬울 따름입니다.

한국 최고의 선승이자 원로 스님이신 서암 큰스님! 세수로 80세가 넘도록 몸이 허락하는 한 언제나 대중교통을 이용하시고 시봉 또한 두지 않으셨지요. 참으로 검소하고 소박하게 살아가신 큰스님의 모습에서 우리는 수행자의 삶이 어떠해야 하는가 그 근본을 볼 수 있습니다.

서암 큰스님 법문집1《그건 내 부처가 아니다》에는 수행자에게 큰 지침이 되는 선방 결제 해제 법문을 포함하여 증도가 법문도 수록하였습니다. 이러한 법문은 출가자뿐 아니라 재가 수행자의 공부에도 큰 힘이 될 것입니다. 큰스님은 이 공부에는 어떤 단계가 고정되어 있지 않다고 늘 말씀하셨습니다.

큰스님의 말씀은 그냥 듣고만 있어도 마음이 평안해집니다. 마음이 답답할 때 꺼내 읽으면 깨달음의 빛을 볼 수 있을 것입니다. 그 빛이 여러분의 인생에 한 획을 긋는 소중한 계기가 되기를 기원합니다.

2013년 5월 신록을 바라보며
법륜 삼가 씀

차례

깨우침, 서암 큰스님과의 인연
살아 있는 생활 선禪의 가르침_ 법륜 스님 12

제1장 마음이 밝으면 천하가 밝아진다
마음이 밝으면 천하가 밝아진다 28
용기 있는 자 자기 찾고, 땀 흘려 일하는 자 기쁨 얻으리 34
심청정 세계청정 41
깨닫고 보면 하나로 펼쳐지는 부처 세계 48
생각은 마음의 그림자일 뿐 55
만상을 짓는 한 생각 67
이 보배 하나 얻어놓으면 천하가 태평하다 74

제2장 원적, 자기의 근본 자리
어떠한 물건이 이래 왔는고 80
그건 네 부처지 내 부처가 아니다 94

밝은 생각이 뒤통수도 본다 99
선과 계·정·혜 103
하루 벌어 하루 사는 것이 정진이다 115
원적, 자기의 근본 자리 119

제3장 시간과 공간이 없는 그 하나

바닷물은 한 번 찍어 먹어보고도 짠 줄 아는데 126
도둑인 줄도 모르고 도둑을 주인 삼아 133
자꾸 노력해 껍데기 옷을 홀랑 벗어버려야 139
시간과 공간이 없는 그 하나 147
안 되는 것이 되는 것이다 153
낙제생과 급제생 161

제4장 참선의 원리

참선의 원리 166
나날이 쌓여가는 수행의 힘 175
모두를 하나로 꿰뚫는 참선의 이치 184
이심전심의 경계 192
꿈 밖의 얘기를 듣고자 하면 꿈을 깨야 합니다 199
꿈 같고 그림자 같고 이슬 같고 번개와 같으니 207
세상 천하 갑부가 되는 공부 215

제5장 봉암사 동안거 소참 법문
동안거 소참 법문 224

제6장 증도가
증도가 246

서암 홍근 대종사 행장 305

일러두기
1. 이 법어집은 1988년부터 ≪월간정토≫에 연재된 서암 큰스님의 〈생활 선禪을 위한 큰스님 말씀〉을 묶은 것입니다.
2. 각 법문의 시기와 장소 표기는 생략하였습니다.
3. 본문에 실린 법어 휘호는 서암 큰스님이 쓰신 것입니다.

제1장

마음이 밝으면 천하가 밝아진다

마음이 밝으면 천하가 밝아진다

부처님이 법을 말씀하신 것은 모두 중생의 마음을 제도하기 위하여 설하신 것입니다. 그러나 나에게 한 마음도 없는데 무슨 법을 갖다 쓸 것이 있겠습니까. 우리가 미워하는 마음, 사랑하는 마음, 은혜 갚을 마음, 성불할 마음이 없는데 무슨 법을 갖다 쓰겠습니까.

팔만사천법문은 중생의 팔만사천 번뇌 때문에 나온 것입니다. 병이 없으면 약이 필요 없는 것과 같은 이치입니다. 내가 아무 허물이 없고 무애자재無礙自在해서 조금도 걸릴 바 없으면 천불 만불의 부처도 나와 아무 상관이 없습니다. 우리가 뭔가 부족하고 해탈이 되지 않았으므로 상대적으로 부처라는 말이 있는 것이지 미오迷悟를 떠난 자리는 본시 부처도 없습니다.

우리가 미한 것은, 술에 취해 술 귀신이 되어 정신을 잃고 비틀거리는 것처럼, 우리가 어리석어 오욕락五慾樂에 취해 비틀거리는 것입니다. 그래서 본래 자기 자리를 망각하고 경계에 꺼들리고 빠져, 누가 칭찬하면 좋아하고 누가 헐뜯으면 파르르 화를 내는 것이지요.

우리는 석가모니와 조금도 다르지 않습니다. 부처니 중생이니 하는 차별도 없는 그런 근본 자리를 가지고 있습니다. 그런데 그 자리를 잃어버리고 오욕락에 취해 비틀거리는 것입니다.

신수神秀께서, '신시보리수身是菩提樹요 심여명경대心如明鏡臺니, 시시근불식時時勤拂拭하야 물사야진애勿使惹塵埃라. 몸은 보리의 나무요 마음은 밝은 거울과 같나니, 때때로 부지런히 털고 닦아서 티끌과 먼지를 묻지 않게 하리라.' 하시니, 혜능慧能께서 '보리본무수菩提本無樹요 명경역무대明鏡亦無臺라, 본래무일물本來無一物이니 하처야진애何處惹塵埃리오. 보리는 본래 나무가 없고 밝은 거울 또한 받침대가 없네. 본래 한 물건도 없거니 어느 곳에 티끌과 먼지가 일어나리오.'라고 하셨습니다.

육조 혜능은 때가 끼려야 낄 수 없고 죽으려야 죽을 수 없는, 생사의 모든 시비가 끊어진 우리의 근본 자리를 말씀하신 것입니다. 술 취한 사람도 술만 깨면 의젓하듯이, 우리도 오욕락의 때만 벗어버리면 본래 불생불멸하는 해탈의 자기 부처를 발견합니다.

그러니 불교의 가르침은 절대 평등한 것으로서 태란습화胎卵濕化 사생四生이 똑같은 자리를 가지고 있음을 늘 깨우쳐주고 있습니다. 석가모니가 부처를 만들어내고 부처님 법을 만들어낸 것이 아니라, 다만 이 세상의 반듯한 이치를 발견한 것입니다.

불법은 자기를 잃고 밖으로 헤매는 중생을 일깨우는 가르침입니다. 서양의 종교는 조물주가 있어 인간 이상의 신을 말하지만, 불교는 스스로 주인 된 자리를 찾아 성불하는 것입니다. 서양에서는 종교 하면 신을 먼저 떠올립니다. 신과 인간의 관계에서 신을 인간

이상으로 규명합니다. 그러나 불교는 신을 떠나 신을 부정합니다.

종교는 모든 사람이 따라갈 수 있는 가르침이어야 합니다. '종宗'은 근본이라는 뜻입니다. 종갓집 하면 씨족을 대표하고, 집도 근본이 되는 종마루에서 서까래를 올려 집이 됩니다. 그렇듯 종은 가장 높고 근본이라는 뜻이지요. 그래서 인간이 짜낸 철학이니 과학이니 하는 온갖 학문이 있고, 초등학교부터 대학원을 졸업해 박사가 되는 과정이 다 가르침이지만 종교는 그 모든 가르침 위에 있는 더 이상 올라갈 수 없는 최고의 가르침이지요.

유일신을 믿는 사람들은 돼지머리 삶아 놓고 제사 지내는 것을 미신이라 말하지만 그것은 우리의 토속신앙입니다. 그런데 서양 사람들은 우주를 만든 신이 있다고 하지요. 이것이야말로 미신입니다.

제정신 차린 사람은 그런 종교를 믿지 않아요. 가령 신이 우주 만물을 창조했다면 다 원만하고 살기 좋게 하지 뭣 때문에 서로 얼굴 붉히며 싸우고 갈등하게 만들었느냐는 것이지요. 만물을 창조한 신이 있다면 인간을 병들게 해놓은 것에 책임을 져야 할 게 아니겠어요. 그런데 생각해 보세요. 그건 누구도 책임질 일이 아니지요.

대체적으로 종교 하면, 신본종교神本宗敎로서 신을 떠올리지만 동양에서는 그렇지 않습니다. 특히 불교는 인본종교人本宗敎이고, 더 나아가서 심본종교心本宗敎라 할 수 있습니다. 유일신교는 따지고 보면 체계가 없고 비과학적이고 비철학적이고 맹목적인 신앙이지요. 그러니 이것이야말로 우상숭배라 할 수 있지요.

그런데 불교에서는 산신·수신·해신·풍신 등 많은 팔만사천 신을 얘기합니다. 그러면 신을 부정해 놓고 그렇게 많은 신을 말한다는 게 모순이 아니냐고 말할 수 있겠지요. 그러나 그것은 소견이 없는 사람이 하는 소리입니다.

사람이 술에 취하면 술 귀신이 되고 다이아몬드를 좋아하면 다이아몬드 귀신이 되듯이 오욕락의 경계에 꺼들리다 보니 팔만사천 귀신이 있는 것입니다. 그런 의미에서 신이 범람하는 것이지요. 그러니까 불교에서 말하는 신은 인간으로서 바른 정신을 갖지 못하고 비틀거리는 상태를 말합니다.

다시 말씀드리지만 유일신 신앙에서의 신은 우러러보는 대상으로서 인간이 감히 따라갈 수 없는 존재입니다. 그러나 불교에서는 정신을 바로 차리지 못한 미혹한 상태가 귀신이므로 사람이 신이 되고 신이 사람이 될 수 있습니다. 신은 탐진치貪嗔癡 삼독三毒의 그림자로 형성되어 컴컴한 상태입니다.

어둠은 불만 켜면 사라집니다. 어둠은 아무리 쓸어내려 해도 달아나지 않지만, 불만 켜면 아무리 붙들어놓으려 해도 다 도망갑니다. 귀신도 그와 같습니다. 내가 맑은 정신을 가지고 있으면 귀신 소굴에 가도 무섭지 않습니다. 광명을 들고 어둠을 찾으려면 어둠이 보이지 않는 이치와 같지요.

그래 참선하고 정진한 수좌들은 만행하다 바랑에서 쉰밥을 꺼내 먹어도 아무 탈이 없어요. 돋보기안경을 쓰고 귀신을 찾아보려고 해도 보이지 않아요. 이것은 우리 마음이 밝으면 천하가 밝아지는 것과 같은 이치입니다.

≪천수경千手經≫에 '아약향도산我若向刀山 도산자최절刀山自催折 아약향화탕我若向火湯 화탕자소멸火湯自消滅 아약향지옥我若向地獄 지옥자고갈地獄自枯渴 아약향아귀我若向餓鬼 아귀자포만餓鬼自飽滿 아약향수라我若向修羅 악심자조복惡心自調伏 아약향축생我若向畜生 자득대지혜自得大智慧'라 했지요. 이때의 나(我)는 흐리멍덩한 내가 아닙니다. 공겁空劫 이전에 퍼뜩한 나로서, 그 나가 비치면 일체를 다 녹여버릴 수 있어 지옥세계에 가면 지옥이 무너지고 아귀 세계에 가면 아귀가 빛을 잃어 일체 거리낌이 없다는 것이지요. 그러한 거리낌 없는 자리를 누구나 본래 가지고 있는데 세상 사람들은 그 자리를 보지 못한 채 이치에 닿지 않는 것을 좇아서 자신을 잃어버리고 살아갑니다.

인간이 살아가는 데 있어서 이치에 닿지 않는 것은 종교가 아닙니다. 인간의 지혜가 신의 노예로 되지 않습니다. 바른 가르침을 따르지 않을 때 가치관이 상실됩니다. 요즘 세상 도처에서 보지도 듣지도 못한 참혹한 일들이 일어나는 것은 바른 가르침을 잃어버려서입니다.

    요즘의 교육은 인간을 만드는 교육이 아닙니다. 살가죽 포대에다 목까지 차도록 지식만 쓸어 담아 일류 대학교 나와서 월급만 두둑이 받으면 그만입니다. 진정한 사람을 만드는 교육이 아닌 것이지요.

    그러니 인간의 탈을 쓰고 금수 노릇을 하는 사람이 많은 겁니다. 동방예의지국은 간데없고 윤리 도덕이 빛을 잃었습니다. 그러므로 오늘날 종교 문제는 참으로 중대한 문제입니다. 우리는 불자로서 참다운 진리로 세상의 흐트러짐을 가지런히 해야 할 의무가 있습니다.

용기 있는 자 자기 찾고,
땀 흘려 일하는 자 기쁨 얻으리

우리는 망상에 사로잡혀 방하착放下着, 즉 자신을 놓지 못하는 경우가 많습니다. 어른 아이 할 것 없이 모두 무언가에 중독되어 정신없이 삽니다. 자신의 의지로 중독을 끊지 못하고 고통 속에 빠져 사니 참으로 비참한 중생입니다. 비록 처음에는 그 맛에 이끌려 중독되었다가도 그것이 좋지 않음을 알면 '아, 이게 아니다.' 하고 놓을 수 있어야 하는데 그런 용기 없이 습에 이끌리어 벗어나지 못하니 인생이 괴로울 수밖에 없습니다.

내가 주인이 되어 여여한 인생을 살아갈 수 있어야 합니다. 그러기 위해서는 부처님 가르침을 좇아 수행하는 과정에서 참자기를 보아야 합니다. 하기 좋고 쉬운 것은 멀리하고 하기 어려운 것을 하는 수행을 할 때 우리는 성불의 세계에 이를 수 있습니다. 잡초를 뽑고 해충을 잡고 물을 줘 공을 들여야 곡식을 거두듯이 성불은 그저 편히 앉아서 이루어지는 게 아닙니다. 자기 공부가 이루어져야 하는 것이지요.

불교 공부는 어디 세상과 동떨어져 따로 있는 게 아닙니다. 다생에 익힌 나쁜 습을 뿌리 뽑는 그것이 공부입니다. 나쁜 습만 제거하면 저절로 빛나는 나를 보게 됩니다. 빛나는 나를 보게 되면 참으로 편안하고 좋습니다.

참선을 한 시간만 하더라도 백 년을 사는 것보다 좋습니다. 언젠가 반드시 성불하겠다는 일념으로 한 시간 익히고 두 시간 익히고 자꾸 익히면 이 세상을 살아가는 데 흐뭇한 내 인생관을 경험하게 됩니다. 오뉴월 삼복더위에 땀 흘리며 앉아서 정진할 때에도 희열을 느낄 수 있게 됩니다.

공부를 하다 보면 자기가 훤히 보입니다. 한 시간 앉아 있으면 한 시간 한 만큼, 두 시간 앉아 있으면 두 시간 한 만큼, 하루 하면 하루 한 만큼, 한 달 하면 한 달 한 만큼 자기가 참으로 위대하다는 것을 체득하게 되지요. 그래서 어떠한 어려움의 파도가 밀려와도 꿋꿋하게 이겨낼 수 있는 지혜가 생기고 삶이 여유로워집니다. 처음에는 어렵지만 자꾸 정진하면 그런 힘이 생깁니다.

옛날 어느 나라에 왕이 있었는데 도무지 세상 모든 일이 공허하고 만족을 느낄 수가 없었습니다. 그래서 어느 날 신하들을 불러 모아놓고 물었습니다.

"내 살아가는 것이 허무하니, 어떻게 좀 행복하게 사는 방법이 없겠느냐?"

그러자 한 신하가 나서서 말했습니다.

"그 일은 천하에 쉬운 일이지요."

"그래? 어떻게 하면 되는가?"

"이 세상에서 제일 행복한 사람을 찾아서 그 사람의 속옷을 얻어 입으면 행복해집니다."

"그렇다면 돈은 얼마든지 줄 테니 제일 행복한 사람을 찾아 속옷을 얻어오너라."

왕의 명령을 받은 신하는 이 세상에서 가장 행복하게 사는 사람을 찾아 전국 방방곡곡을 돌아다녔습니다. 하지만 아무리 찾아 헤매도 '나는 정말 행복하다.'는 사람이 나오지를 않았습니다.

그렇게 몇 달을 찾다가 포기하고 돌아오는 길에 신하는 비를 피하려 남의 집 처마 밑으로 찾아들게 되었습니다. 내리 쏟아지는 비를 바라보며 서 있는데 뭔가 뚱땅뚱땅하는 소리가 들려와 쳐다보니 대장장이가 땀을 콩죽같이 흘리며 벌겋게 달군 쇠를 두드리고 있는 것입니다. 그 모습을 보니 신하는 대장장이가 참 안됐다는 생각이 들었습니다.

"여보게, 참으로 고생스럽겠네. 그렇게 고생스럽게 사느니 차라리 죽었으면 좋겠다는 생각이 든 적은 없는가?"

그러자 대장장이가 별 희한한 소리를 다 듣겠다는 듯이 말했습니다.

"나리가 보기에 불쌍할지 몰라도 저는 행복하답니다. 나리는 땀 흘려 일해 본 적이 없으니 뜨거운 여름날 한줄기 바람이 살갗에 닿는 시원한 맛을 모를 겁니다. 또 일하다가 배가 고파 꽁보리밥 한 그릇 먹는 맛도 꿀맛이고, 밤이 되어 쓰러지듯 잠이 들면 얼마나 달게 잘 수 있는데요. 그럼 천지가 내 세상인 듯 행복하답니다."

신하는 그 말에 귀가 번쩍 뜨였습니다. 드디어 행복한 사람을 발견한 것입니다.

"여보게, 돈은 얼마든지 줄 테니 자네가 입던 속옷 하나만 주게."

그러자 대장장이는 고개를 조아리며 말했습니다.

"나리, 저는 평생 속옷이라는 걸 입어본 적이 없습니다."

대장장이의 말을 전해 들은 왕도 "속옷 한번 입어보지 못하고 오뉴월 염천에도 불구덩이 속에서 땀을 뻘뻘 흘리며 일하는 사람이 행복하게 사는 이치를 모르고 편히 앉아서 행복을 구하려 했다니 내가 참 어리석었구나." 하고 깨우쳐 나라 일을 열심히 하며 행복하게 살았다고 합니다.

"천하가 타는데 이 더위를 어디 가서 피하오리까?" 하고 물으니 "화탕노탄火湯爐炭에 가라."고 답하신 부처님의 말씀이 ≪화엄경華嚴經≫에 있습니다. 용광로 옆에 가서 더위를 피하라는 말씀이지요. 더위를 피하는데 시원한 얼음가로 피하라 소리는 안 하시고 용광로 옆으로 가라니 부처님은 무슨 심술인가 하는 마음이 생길지도 모르겠습니다. 그런데 해보지 않고서는 용광로 옆에서 더위를 피하는 그 시원한 이치를 영 모를 수밖에 없지요.

우리는 위대한 마음의 힘을 계발하지 못하고 몇 푼어치 안 되는 현대 문명에 현혹되어 몸과 마음이 약해져 온갖 병 속에서 쩔쩔매며 살아갑니다. 잘 먹고 전 세계를 돌아다닌다고 해서 행복한 게 아닙니다. 조용히 앉아서 내 마음속에서 일어나는 나를 보지 못합니다. 천하 만물 속에서 사는 위대한 인간의 힘을 등지고 점점 옹졸하게 조그마한 마음을 쓰고 삽니다.

불교는 내가 주인이 되자는 것이지요. 한계도 없는 이 마음을 크게 한번 쓰면 어떠한 원수도 포용할 수 있습니다. 그것을 알게 해주는 것이 불교입니다.

불교는 자비무적慈悲無敵이라 절대 적을 만들지 않습니다. 광겁다생에 사는 사람들은 다 불쌍해요. 자기 혼자 생각을 일으켜 부아를 내고, 더우면 땀이 철철 나고 추우면 떨리고, 배가 고프면 잔뜩 먹고 나서 배가 불러 씨근덕거리고, 이 몸뚱이를 누가 건드리지 않아도 자기 스스로 짜증을 내는 게 중생입니다.

그래서 이 세상에 불쌍하지 않은 사람이 하나도 없어요. 원망하고 미워하고 칼을 들이대고 해칠 상대가 없어요. 가만 두어도 다 불쌍한 게 중생입니다. 시야를 조금만 넓히면 한 끼를 굶고 앉아 있어도 기쁘게 살 수 있는데 이런 탄탄대로를 등지고 옹졸하게 가시밭 속으로 자꾸 들어가 사는 게 중생심입니다.

기적을 바라며, 부처님만 따라가면 무슨 소원이든 다 이루어지고, 부처님을 따르지 않으면 아무리 착하게 사랑하며 살아도 복이 안 된다는 그런 넋 빠진 소리는 부처님은 한 번도 하신 적이 없습니다. 부처님은 우주에 흐르는 진리에 순응하며 살라 했지요. 부모에게 효도하고 형제 간에 우애 있는 그것이 생명의 진리이고 불법입니다.

불교는 신만 믿으면 되는 종교가 아닙니다. 스스로 주인 된 인간으로서 인생을 살아가도록 정신을 차리자는 것이 불교입니다. 부처님은 다만 그러한 진리를 깨친 선각자일 뿐, 부처님이 마음대로 복을 주고 안 주고 하는 게 아닙니다.

세상 모든 일은 자업자득입니다. 자기가 씨를 뿌리고 조금도 어긋나지 않는 그 과보로 자기가 다 거두어들입니다. 누구도 원망할 수 없고, 원망한다면 오직 자기를 원망할 수밖에 없습니다. 이러한 이치를 알아 자기 행을 닦아 나아갑시다.

真俗不二

無為精舍
西庵

심청정 세계청정

    자기 불행은 스스로를 닦지 못해 일어납니다. 남편을 원망하고 아내를 탓하고 자식을 나무라고 친구를 미워하는 것은 스스로 복을 깎아내리는 짓입니다. 나한테는 남편이 분에 넘친다, 아내가 분에 넘친다, 저이는 참 좋은 친구다, 이런 마음을 가질 때 그 사람의 인생 폭이 넓어지고 천지신명이 도와주고 과거에 지은 액운이 멸하고 좋은 인생으로 향하게 됩니다. 내 허물을 모르고 반성할 줄 모르며 남을 원망하며 살면, 그런 인생은 내리막길이요 사람대접을 받지 못합니다. 이런 명확한 진리의 빛을 외면하고 살면 안 됩니다.

    불교는 바로 이 진리의 빛을 살리자는 겁니다. ≪명심보감明心寶鑑≫에 암실기심暗室欺心에 신목神目이 여전如電이라는 말이 있습니다. 아무도 안 보는 어두운 방이라 해도 마음을 속이면 그 마음의 눈에는 천지를 비추는 번개처럼 밝게 보입니다. 이 세상에는 비밀이 없고 그 누구도 속일 수 없습니다. 더구나 자신을 속였을 때의 괴로움은 더욱 큰 괴로움을 자초하므로 항상 맑은 물같이 투명한 내가 되어야 합니다.

    예전에 한 청렴결백한 관리가 있었습니다. 어떤 사람이 밤에 찾아와 뭔가 도움을 부탁하며 "선생님, 이거 받아두세요. 아무도 모룹니다." 하고 돈을 건네니, "내가 알고 그대가 알고 하늘이 알고 땅이 아는데 아무도 모른다는 소리가 말이 되느냐."고 했답니다. 노력하지 않은 대가는 내 것이 될 수 없습니다.

또 어떤 이가 도둑질하러 한 집에 들어가 보니 훔쳐갈 물건이라곤 아무것도 없이 빈 솥만 덩그러니 있더랍니다. 그래서 불쌍한 마음이 들어 자기가 훔친 것을 그 빈 솥에 넣어주고 왔지요.

다음날 아침에 솥 주인이 일어나 보니 솥 속에 웬 돈이 들어 있었습니다. 그러자 그 주인은 "우리 집 솥 안에 돈이 들어 있으니, 그 돈을 잃어버린 사람이 있으면 찾아가시오." 하고 방을 붙였답니다. 솥 주인의 마음이 얼마나 너그럽고 편안합니까. 우리도 이런 마음으로 살 때 행복하지 않겠습니까.

우리는 위대한 정신세계를 갖고 있는 자기 인생을 까맣게 잊어버리고 백 년 안팎의 인생과 한낱 고깃덩이인 몸뚱이를 살찌우려고 남의 눈에 피눈물 나게 하고 남의 마음에 상처를 입히고 모략중상을 하니 그 삶이 얼마나 비참합니까. 내 눈을 뜨고, 남에게 피해를 주지 않는 세계에 살 때만이 삶이 흐뭇해지고 그제야 비로소 성현의 세계에 들어서는 겁니다.

어떻게 해서든 자비로운 마음으로 생활 속에서 선을 행해야 합니다. 본시 사람은 때도 끼지 않은 그 자리를 갖고 있습니다. 닦을 것이 없고 닦아서 되는 것도 아니고 닦을 수도 없습니다. 본시 빛도 모양도 없는데 무엇을 닦겠습니까. 닦아진다면 비누로 문질러서 닦겠지만 그런다고 절대 닦이지가 않습니다. 하지만 한 생각으로 진리를 깨달으면 저절로 다 깨끗해집니다. 심청정 세계청정心淸靜 世界淸靜이라. 마음이 청정하면 시방세계가 청정합니다.

그러니 불법보다 쉬운 진리가 없습니다. 불법이 어렵다고 하는데 그건 잠꼬대 같은 소리예요. 나를 보고 나를 찾자는데 어려울 게 뭐가 있겠습니까. 불교는 누가 들어도 금방 이해할 수 있습니다. 이치에 어긋나는 게 없고 상식에서 벗어나는 게 없습니다.

길도 좋은 길로 가면 쉬운데 잘못된 길로 들면 가시밭길에 옷이 찢기고 온몸에 상처가 납니다. 온종일 헤매봐야 얼마 가지 못하지요. 그러나 잘 닦인 고속도로로 가면 훤하게 갈 수 있습니다. 도道는 평탄하고 가기 쉬운 길입니다. 사도邪道는 가시밭길이며, 결국에는 목적지에 이르지 못하고 상처투성이로 지쳐버립니다.

불교는 어느 시대에 내놓아도 누가 들어도 고개가 끄덕여집니다. 부처님의 가르침은 탄복할 만큼 편리하고 쉽습니다. 어려운 게 절대 없습니다. 누가 내 얼굴에 똥을 칠해도 씩 웃고 용서하는 마음, 그것이 공부고 참선이고 염불이고 기도입니다.

옛날 청화산 근방 동네에 깡패 같은 사람이 있었다고 합니다. 워낙 고약한지라 아무도 그를 간섭하지 못했는데 하루는 또 나쁜 짓을 해 순사가 쇠고랑을 채워 붙들어갔습니다. 그런데 붙들려가면서 한다는 소리가 "이번에는 나를 죽일 텐가?"하고 물어보더랍니다. 순사는 "아, 죽이기야 하겠나. 형기가 다 되면 놔주지." 하고 대답했지요. 그랬더니 그 사람이 하는 말이 "그래, 그러면 감옥에서 나오기만 하면 너희를 다 죽이고 불을 질러버리겠다."고 위협하는 것이었어요. 순사 노릇도 다 살려고 하는 일인데, 그자의 소행을 봐서 그러고도 남을 사람인지라 "아이고, 모르겠다. 내 살고 보자."하고 풀어주었다고 합니다. 그렇게 순사도 말리지 못할 정도로 고약한지라 동네 사람들은 그자의 그림자도 밟지 않고 피해 다녔다고 합니다.

그런 그가 술을 거나하게 마시고 비틀거리며 가다 논둑길에서 원적사의 석교 스님과 마주쳤습니다. 그는 다짜고짜 석교 스님을 발로 탁 차버렸습니다. 그 바람에 그만 스님은 논구덩이에 처박혀버리고 그자의 고무신은 홀러덩 벗겨져 논 가운데로 뚝 떨어졌지요. 그러자 스님은 논구덩이에서 그자의 신을 주워가지고 엉금엉금 기어나와 논물에 깨끗이 씻은 다음 옷자락으로 물기를 닦아 두 손으로 바쳤다고 합니다. 그자는 이러한 스님의 행동에 술이 확 깼다고 합니다.

'세상에 이럴 수가. 나 같으면 내일 산수갑산에 갈지언정 둘러치고 후려치며 같이 밀어버렸을 텐데……' 그자는 그렇게 해결하는 세계밖에 모르는지라 스님의 세계를 보고 '어떻게 저럴 수가 있는가.' 하고 감탄했지요. 누가 총칼을 들이대고 협박해도 놀라지 않았는데 빛도 모양도 없는 그 마음에 깜짝 놀란 것입니다. 아주 고약한 그자도 본래 불성이 있는지라 스님에게 감화를 받고 그 길로 착한 사람이 되었다고 합니다.

말 한마디 안 하고 호통 한 번 안 친 그 부드러운 행동이 얼마나 용기 있고 칼날 같고 무서운 가르침입니까. 스님의 자비가 그 사람 앞길의 마구니를 항복시켜 바른 길로 나아가게 한 것이지요.

세계를 부수고도 남을 위대한 힘이 자비 속에 있습니다. 자비를 베풀고 살면 내 인생이 향상되고 이웃이 정화되고 세계가 평화롭게 됩니다. 누가 와서 나를 해친다 해도 씩 웃으며 "네가 아직 번뇌 망상이 없어지지 않아서 이런 마음을 쓰는구나. 나도 그전에는 그랬었지." 하고 그를 위해 기도하게 됩니다. 그럴 때 인생의 폭이 넓어지고 환희심이 생기고 큰 보배를 얻는 그런 세계가 열립니다.

마음 농사를 잘 지어야 해요. 이 세상을 떠날 때 누구든 모든 것을 다 버리고 갑니다. 이 세상에서 가장 중요한 것은 자기 몸입니다. 이 몸은 천금을 주고도 바꿀 수 없지요. 그런 몸도 갈 때에는 집어던지고 갑니다. 그러니 좋은 보물이나 재물은 말할 것도 없지요.

내 것이라고 할 만한 게 없습니다. 다만 사는 동안에 내가 어떻게 살아왔나 하는 눈에 보이지 않는 그 업業을 가지고 갈 뿐입니다. 다른 것은 어느 하나 가져갈 수 없어요. 올 때에도 맨주먹 쥐고 왔고 갈 때에도 맨주먹 쥐고 가는데 오직 가지고 가는 게 있다면 인생살이 했던 자기의 향기뿐입니다. 내가 어떻게 인생을 살아왔나 하는 빛도 모양도 냄새도 없는 그 향기가 서려 극락도 가고 부처님 세계도 가는 것입니다.

그러니 나에게 어떠한 불행이 오더라도 전생에 못 지어 그런가 보다 하고 시방 선지식에게 참회해야 합니다. "인생을 잘 살아가는 모든 선지식이여, 제가 과거에 업을 지으며 살아왔습니다. 용서하십시오." 이렇게 참회할 때 죄가 녹습니다. 내가 잘했다고 할 때에는 자기 업이 생기지만, 내가 아무리 허물이 있다 해도 크게 눈물 나게 참회하면 허물이 없어집니다.

백겁적집죄百劫積集罪 일념돈탕진一念頓蕩盡 여화분고초如火焚枯草 멸진무유여滅盡無有餘라. 백 겁 동안 쌓인 많은 죄가 한 생각에 사라지니, 마른 풀무더기를 태우는 것과 같아서 다 타 없어진다는 것이지요. 계를 받을 때 연비하는 순간 따끔하지요. 그 따끔한 찰나, 한 생각에 광겁다생의 죄가 다 무너지는 것입니다.

우리 죄라는 것이 한없이 두텁고 많습니다. 하지만 천년만년 묵은 깜깜한 굴 하나와 새로 생긴 굴이 하나 있습니다. 그 굴을 밝히려 할 때 천년만년 묵은 굴은 몇 달간 불을 켜야만 밝아지고, 새로 생긴 굴은 몇 시간만 켜면 밝아집니까? 아니지요. 불만 갖다 대면 새로 생긴 굴이나 수억만 년 전에 생긴 굴이나 똑같이 삽시간에 환해지지요. 그렇듯 광겁다생에 많은 죄업이 있다 하더라도 한 생각 참회할 때, 그 참회하는 불빛이 과거의 죄를 삽시간에 녹입니다.

항상 참회하면서 잘못되어 가고 있는 인생의 각도를 바꿔야 합니다. 나머지 인생이 얼마나 남아 있겠습니까. 얼마 남지 않은 인생을 항상 웃고 남에게 피해 안 끼치고 너그럽게 살 때 종일 굶어도 죽지 않습니다. 찬물만 먹고 삼칠일 사칠일 단식해도 죽지 않습니다.

식량이 떨어져도 남의 것 훔칠 생각 않고, 누가 나를 화나게 해도 씩 웃는다면 도인이 안 되려야 안 될 수 없고 부처의 세계에 안 가려야 안 갈 수가 없어요. 그렇게 하지 않고 무슨 기묘한 방법이 있고 다른 어떤 수단이 있어 성불을 이루는 것이 아닙니다. 우리 모두 노력하여 부디 이 세상을 멋지게 살아봅시다.

깨닫고 보면 하나로 펼쳐지는 부처 세계

부처님께서 도솔천 내원궁에 설법하러 가셨을 때 한번은 석가모니 십대제자 중 한 명인 목련존자가 신통력을 부려 따라갔습니다. 그런데 그곳에 있는 연못가를 돌다가 그만 연못에 빠져버렸어요. 마침 그곳에 사는 스님이 지나가다 보고는 무슨 벌레가 사람같이 생겼나 싶어서 젓가락으로 집어 들고 와서는 부처님께 여쭈었습니다.

부처님은 목련존자가 신통력을 부려 찾아온 것이라며 다치지 않게 놓아주라고 하셨습니다. 사실은 목련존자가 벌레만큼 작아진 게 아니라 그곳에 사는 사람들이 복을 많이 지어서 한없이 큰 것이었지요. 그래서 우리 같은 사람이 개미처럼 작게 보인 것입니다.

이렇듯 우리 중생의 눈으로는 다 볼 수 없는 한없는 세계가 이 공간에 펼쳐집니다. 물을 한 그릇 떠놓으면 이 물이 썩어 벌레의 세계가 하나 건립되듯이 지금 중생계 곳곳에 수많은 세계가 있고 온갖 중생이 바글바글합니다. 그곳이 아무리 나쁜 세계거나 또는 좋은 세계라 해도 결국에는 다 업보 중생이 설치는 곳이니 거기에 기준을 두고 꺼들려서는 우리 인생이 제대로 살아지지 않습니다.

그러니 많은 사람들이 하는 일이라고 해서 생각도 없이 허우적거리며 따라 해서는 안 됩니다. 천하 많은 사람이 정신이 빠져 허우적거려도 제정신 차리고 극락 국토에 들어갈 것을 생각해야 합니다. 많이 살아도 백 년 안쪽의 인생인데 이리저리 휩쓸려 판단해서는 안 되거든요. 불교를 배우고 참선을 한다는 것도 그 정신을 차리자는 것입니다.

재산이야 물에 떠내려가거나 불에 태워 없어지지 않는 다음에야 도둑이 훔쳐간다 해도 갑에게 있다가 을에게 가고 을에게 있다가 병으로 옮겨지는 것이니 큰 손해가 없습니다. 하지만 제정신 차리지 못하고 나보다 훌륭해 보이는 것에 매달리면 결국 자기 정신 하나 없이 허우적거리게 됩니다. 위대한 나를 버리고 허상에 매달려 허우적거리는 허수아비 인생이 되는 것입니다. 위대한 자기를 버리고 다른 헛된 것에 매달려 허우적거린다면 그 얼마나 불쌍한 일입니까.

이런 중요한 문제가 지금 우리 앞에 놓여 있습니다. 무조건 믿으면 된다는 사고는 간단하고 편리하기는 하겠지만 어떻게 그렇게 될 수 있겠습니까. 그런 정신으로 그저 기계 문명만 발달하면 행복해지는 줄 알고 그곳이 천당이고 극락인 줄 알아 온갖 것을 만들어냈으니, 편리하자고 발달시킨 그 기계 문명 때문에 오늘날 인류가 겪는 고통은 얼마나 큽니까.

여기 앉아서 로켓 타고 달나라 간다고 내 인생이 뭐가 달라지겠습니까. 아니면 악한 사람이 착한 사람이 되겠습니까. 사람들이 모두 행복하고 잘살아지겠습니까. 마치 공장 기계 돌아가는데 나사가 작용하듯 내 인생을 완전히 망각해 버리고 굴러가는 대로 살아가는 그런 정신 상태에 있으니 하루아침에 세상을 잿더미로 만들게 될지도 모르는 온갖 무기 산업을 일으키고 하는 것입니다.

그야말로 폭풍 전야에 있는 줄도 모르고 이것이 좋은 것인 줄 착각해서 허우적거리고 있으니 문제지요. 지장보살이 지옥 문전에서 눈물을 흘리는 이유가 여기에 있습니다. 조금만 생각해 보면 이해할 수 있습니다.

언젠가 열차 대합실에서 서양 종교를 선교하는 사람을 만났는데 내가 출가 승려임을 알면서도 "하느님 믿으세요. 하느님!"하고 집요하게 선교를 하더군요. 그래서 이렇게 답했지요.

"나는 하느님 생기기 전부터 하느님 믿소. 하느님만 믿는 게 아니고 앞집 박 서방 뒷집 김 서방도 다 믿소."

사실 우리가 믿자고 보면 안 보이고 모르는 신보다는 이웃이 더욱 미더운 것 아니겠습니까. 그들 모두 본래 마음이 다 부처 자리인데 그 모습을 본다면 당연히 믿어야지요.

불교는 차별이 없습니다. 나다 너다 하는 차별이 없는 무아無我입니다. 누구든지 성불하면 천상천하유아독존天上天下唯我獨尊, 똑같이 소중한 존재입니다.

또 얼마 전에는 지리산 골짜기에 미륵교라는 것이 교세를 확장한다고 야단이었습니다. 진리는 하나인데 그것을 모르는 어리석은 사람들이 혹세무민하느라 석가모니 부처님 시대는 지나고 미륵 부처님이 온다고 주장했습니다.

불교의 진리가 다르지 않은데 미륵 부처님과 석가모니 부처님이 다를 것이 무엇이겠습니까. 어느 시대가 되든 진리는 하나입니다. 미륵 부처님 진리가 다르고 석가모니 부처님 진리가 다르겠습니까. 저 사람이 깨친 부처 세계 다르고 이 사람이 깨친 부처 세계가 다를 수는 없습니다. 깨치면 똑같은 한 세계입니다. 만약 서로 다르다면 부처라고 할 수 없습니다.

그러니 이런 이치를 알아 우리가 함께 이 세계를 열면 세계가 한 식구가 되고 적이 없어지겠지만 그것을 열지 못하면 분열이 되고 맙니다. 부처님 당시에도 부처님 사상이 옳으니 그 모든 외도들이 부처님께 머리 숙여 귀의한 것입니다.

그러나 아무리 불교가 이렇게 좋은 것이더라도 나라에서 받아들이지 않으면 불교는 없어지고 사교가 성행하게 됩니다. 태양은 항상 비추고 있지만 굴을 파고 들어앉으면 태양의 혜택을 못 받는 것과 마찬가지입니다. 불교 자체에는 성쇠가 없으나 이처럼 우리가 받아들이느냐 받아들이지 않느냐에 따라서 극락도 되고 지옥도 되고 아수라도 되는 것이니 판단을 잘해야 합니다.

종교는 지금 당장 죽더라도 제정신 차리게 하는 것입니다. 불교라는 종교를 아플 때 병 낫게 해달라고 기도하고 재수 좋으라고 기도하는 것이라고 생각하면 잘못입니다. 아무리 빌고 기도한다 해도 우리가 이백 년을 살겠습니까, 삼백 년을 살겠습니까. 또 권력을 얻는다고 해서 그것이 인생에 무슨 보탬이 되겠습니까. 기도하고 복을 빌면 되기도 하겠지만 그것이 과연 몇 푼어치나 되겠습니까.

그러한 행태는 불교를 제대로 알지 못하고 불교 아닌 것을 불교로 잘못 알아 따르는 것입니다. 건강하게 해주십시오, 감투 쓰게 해주십시오, 뭐 잘되게 해주십시오, 이것은 불교를 모르고 하는 소리입니다. 열심히 기도하고 열심히 노력하면 안 되는 것도 아니지만 그 위대한 원력을 왜 그렇게 좁은 곳에 쏟아서 정력을 낭비하고 허비하는지 안타까운 생각이 듭니다. 그렇게 해서 그 모든 것을 얻었다 한들 그것이 얼마나 갑니까. 모두 깨진 독에 물 붓는 일입니다.

불교는 생사의 옳은 도를 깨닫는 것입니다. 이 몸은 공하여 껍데기인데 거기에 그까짓것 며칠 더 담아봐야 무슨 소용이 있겠습니까. 불교라는 말 자체가 '정신 차려라, 꿈 깨라.'는 가르침을 뜻합니다. 다른 종교는 신을 믿어야 구원을 받는데 불교는 그게 아닙니다. 자기 부처를 찾고, 자기 정신 차려서 나고 죽는 자신을 바로 보라는 것입니다.

불교가 종교가 아니라 철학이라고 말하는 사람도 있는데 그것은 종교라는 말의 뜻도 모르고 하는 소리입니다. 종교宗敎는 모든 가르침 중에 가장 근본[宗]이 되는 가르침[敎]이라는 뜻입니다. 그런데도 사람들이 종교를 신의 가르침 정도로 정의 내리는 어리석음을 범하고 있는 것입니다. 종교는 근본을 가르치는 것입니다. 모든 인간 교육 가운데 으뜸 되어 그보다 더 나은 게 없다는 가르침을 종교라고 하는데 그것이 어찌 신에게 매달리는 것이 되겠습니까.

불교는 어디에 내놓아도 흠잡을 데 없는 진리입니다. 그리고 그 진리는 평범한 가운데 나타납니다. 뭐 대단하고 위대한 것이 있으니 나만 따르면 복을 얻고 나를 따르지 않으면 아무리 착해도 지옥 간다는 가르침은 경우 없는 소리입니다. 이런 가르침이 무슨 종교가 되겠습니까.

부처님 가르침에는 그런 무리한 말이 단 한마디도 없습니다. 콩 심은 데 콩 나고 팥 심은 데 팥 나고, 천당도 내가 만드는 것이고 지옥도 내가 만드는 것이지 누가 만들어주는 게 아니라고 부처님은 가르치십니다.

제정신 바짝 차리면 절대 혼자입니다. 천상천하유아독존입니다. 내 인생 그 누구도 대신 못 해줍니다. 내 인생 완전히 혼자입니다. 올 때도 혼자 왔고 갈 때도 혼자 갑니다. 이러한 위대한 내 인생을 밝혀내는 것이 불교입니다. 그렇게 되었을 때 모든 인류가 다 같이 부처가 되는 것입니다.

술 취한 사람이 술만 깨면 온전한 사람이 되듯 정신만 차리면 다 부처가 되니 그야말로 절대 평등하여 다툼과 비방이 생길 까닭이 없습니다. 그런 절대 평등의 경지를 스스로 개척하자는 것이 불교임을 분명히 알고 수행에 힘써야 합니다.

생각은 마음의 그림자일 뿐

불교는 한마디로 말해서 마음의 정체를 밝히는 가르침입니다. 그런데 마음의 정체를 알기란 쉽다면 한없이 쉽고 어렵다면 한없이 어렵습니다. 왜냐하면 마음속에서 일어나는 온갖 생각에 사로잡혀 본래 마음자리를 바로 보기가 용이하지 않기 때문입니다.

몇 천 개의 강이 바다로 흘러갑니다. 강으로 있을 때에는 모양도 다르고 이름도 두만강, 한강, 낙동강이라 달리 불리지만 한번 바다에 모이면 이전의 모양과 이름은 없어져 구별할 수가 없습니다. 그냥 모든 강이 바닷물입니다.

우리의 모든 생명체도 겉으로 보기에는 각각 다른 것 같지만 그 마음만 알아버리면 내 마음이 그대 마음입니다. 일체중생의 마음이 터럭만큼의 차별도 없는 동일한 마음자리입니다.

부처님이 보리수 아래에서 최초로 견성見性 오도悟道해 보니, '참으로 희한한 일이다.'는 것입니다. '일체중생이 어쩌면 나와 같은 그 자리를 구비해 있는가.' 하며 감탄한 것이지요. 이렇게 명료하고 간단하고 쉬운 이 마음을 살피지 않고 중생들은 그저 밖으로 생각에 따라가며 그것이 자기인 줄 압니다.

기쁘다는 생각, 슬프다는 생각, 밉다는 생각, 무섭다는 생각 등 무한히 일어나는 온갖 생각의 그림자에 따라 헤매고 그것이 자기인 줄 알지요. 그 일어나는 생각은 모두 찰나 찰나로 변해가는 것들입니다. 그렇게 혼침하여 자기를 망각하고 본디 반듯한 내 본마음을 등지고 삽니다. 하루 24시간 생활하는 모양을 가만히 회광반조해 보면, 정진을 하거나 일념으로 근본 마음을 알고 살아가는 경우는 드뭅니다. 항상 지엽에 흐르는 마음, 생각에 헤맵니다.

생각은 마음의 그림자일 뿐이며 마음의 파도입니다. 그러니 그 생각에 따라가지 말고 생각이 일어나는 초점, 생각이 일어나는 뿌리를 돌이켜 볼 줄 알아야 합니다. 그러면 그 자리에는 어떠한 고통, 즉 갈등과 불안 초조가 일어날 수 없습니다.

그런데 이것이 용이하지 않고 항상 생각의 반복 속에서 헤매게 되는 것은 광겁다생으로 그 습관에 젖어 생활해 온 탓입니다. 이를 불교에서 업력業力이라고 합니다. 업에도 선업과 악업이 있어 천당과 악도를 헤매는데, 이 역시 생사 속에 헤매는 고통의 굴레를 벗어나지 못하는 것입니다.

그래서 참선을 하고 화두話頭를 잡고 주력을 하고 기도를 하는 것도 모두 생각의 파도를 쉬고 불생불멸하는 본래면목本來面目을 보자고 하는 것이지요. 이 본래면목은 직접 체달하지 않고는 결코 알 수 없습니다. 하지만 사람들은 이를 상념으로 판단하고 저울질하고 이해하려 하기에 점점 더 그 자리에서 멀어지게 됩니다.

그 자리는 빛도 모양도 냄새도 모두 끊어진 자리입니다. 상념을 일으키면 색깔이 나고 모양이 나고 냄새가 납니다. 성을 내든지 기뻐하든지 미워하든지 생각 한 번 일으킨 데서 빛깔과 생멸을 보게 되는 것이지요.

반대로 생멸을 일으키지 않는 자리에서는 일체 형단이 없게 됩니다. 모양도 빛도 없어 마치 허공과 같지요. 허공이 어디 한계가 있고 빛깔이 있고 모양이 있습니까. 생각을 일으키지 않는 본래 마음은 여여부동해서 시간과 공간이 붙을 수 없고 생사가 어리댈 수 없는 근본 자기 생명입니다. 이를 부처다, 열반이다, 삼매다 하는데 이름만 다르지 모두 한 자리를 가리키는 것입니다.

무슨 생각이든 한 생각 일으키면 벌써 생사에 떨어집니다. 염라사자도 그 생각의 빛깔을 보고 찾아 묶어가는 것입니다. 만약 정定에 들어 본래 마음자리에 있으면 빛깔도 없고 모양도 없으니 사자가 어찌 찾아서 붙들어갈 수 있겠습니까. 그래서 부처도 부처를 모른다 했지요.

모든 생각이 일어나지 않는 근본 자리를 알 때 생사를 바로 여의는 것입니다. 이 자리는 가장 가까이에 있고 가장 알기 쉽고 가장 얻기 쉬운 자리인데 다생으로 쌓아온 업력으로 사량 분별의 척도를 휘두르기 때문에 눈앞에 있는 근본 자리를 등지고 망각하는 것입니다.

우리 마음이 근본 자리에 놓이면 한계가 없습니다. 모양이 없고 냄새가 없고 빛이 없으니 누가 어떻게 할 도리가 없지요. 그야말로 버릴 수도 없고 취할 수도 없습니다. 무한한 허공 속에서 온갖 별이 명멸해도 그 일어나고 꺼짐이 허공에는 조금도 상관이 없는 바와 같습니다.

우리의 마음도 허공과 같아 누가 이 마음을 해칠 수 있으며 피해를 끼칠 수 있겠습니까. 모양이 있어야 납치를 하든 묶든 온갖 짓거리를 할 수 있지 모양이 없으면 어떻게 해볼 수가 없습니다. 허공과 같은 마음, 때 묻을 수 없는 이 마음을 얻기 위해 참선 화두를 합니다. 1700 공안公案이 있는가 하면 계정혜戒定慧 삼학三學으로 얻을 수 있고 부처님의 팔만사천 방법으로도 얻을 수 있습니다.

생사에 절대 구애받지 않는 그 마음자리, 형단이 없는 그 자리를 얻자는 것이지요. 형단이 없으니 그 자리는 본래 생하지 않으며, 그러므로 멸하지도 않습니다. 이것이 바로 불교에서 말하는 오자悟者의 세계, 부처입니다.

옛 선화禪話를 보면 제자가 스승에게 여하시불如何是佛, 무엇이 부처입니까, 하고 묻는 경우가 있습니다. 어떻게 하면 부처가 됩니까, 어떻게 하면 모든 고통에서 벗어납니까, 하는 질문과 동일한 의미지요. 이러한 질문에 조사 스님들의 답은 벽력같이 고함을 지르거나 몽둥이로 내려치거나 활을 가지고 금방이라도 쏠 것같이 하는 등 모두 이러한 가풍을 썼습니다.

그럼 왜 스님들이 이러한 가풍을 쓰게 되었을까요. 이 시대는 말법末法 시대입니다. 모든 생명체가 다 정신이 혼탁해진 시대란 말입니다. 정법 시대라면 법을 구하는 자가 스승을 찾아와 법을 물으면 스승의 가르침 한마디에 곧 각성할 수 있습니다.

그러나 지금은 몇 번에 걸친 대답에도 알아차리지 못하고 또 금방 잊어버립니다. 말씀을 살피는 지혜는 사라지고, 종일 강의를 해도 무슨 소리인지 알아차리지 못합니다. 이렇게 혼혼하여 정신이 없으니 많은 말을 해야 되고 많은 이론을 전개해야 되지요.

오늘날 문학이나 철학이 다양해지고 학술이 많은 것이 발달의 현상 같지만 오히려 정신이 점점 더 혼탁하고 미개해지기 때문에 일어난 현상이라 볼 수 있지요. 철학에도 무슨 변증법이니 실존철학이니 하며 서로 다투고 또는 자기의 의식 세계에서 감내하지 못하면 신의 세계라고 몰아붙이기도 합니다. 이는 인류가 방황하는 단계이기 때문입니다.

바로 그러한 상념을 쓸어버리라는 가르침이 불교 철학입니다. 그리고 그 방법이 참선, '이 뭣고'입니다. 이것이 무엇이냐 말입니다. 부르면 대답할 줄 알고 꼬집으면 아픈 줄 알고 울고 웃을 줄 아는 자기, 그 핵심 주체가 도대체 어떻게 생긴 물건이냐 의심하는 것입니다. 이것을 깨치는 데 가장 좋은 방법이 참선입니다.

마치 물을 마시면 갈증이 식듯이, 참선을 하면 앉은 자리에서 상념의 불꽃이 가라앉습니다. 모든 생각이 쉬고 하나에 집중하니 생각이 정돈되고 망상이나 신경쇠약 등의 현상이 없어집니다.

이렇듯 화두만 딱 잡고 앉으면 모든 생각이 정돈되고 번뇌, 망상, 삼독에 찌든 업력의 구름이 흩어지니 본래 갖추고 있던 마음의 빛이 나타나기 마련입니다. 이것이 참선하는 요점이지요. 목탁을 치며 기도를 해도 삼매에 들어갑니다. 화경으로 초점만 맞추면 불이 일어나듯, 한 생각에 집중해 기도하면 됩니다.

그러나 염불이니 기도니 참선이니 하는 것도 사실 우리가 대번에 알아차리지 못하니 나온 방법일 뿐, 한마디에 바로 알아차리면 그런 궁색한 방법도 필요 없지요. 바로 눈앞에 있는 그 한 생각입니다.

자기 부처가 분명히 있는데 맥 빠지게 화두라 할 게 뭐가 있습니까. 그 근본 마음자리에 들어서면 시간과 공간을 초월해 버립니다. 시간과 공간이 다 상념 속에서 벌어진 것이지, 상념을 거두어들인 절대 자리에 무슨 시간 공간이 있겠습니까.

그런데 이런 근본 마음자리를 알려면 어디 조용한 산속 암자에 가서 공부해야 한다고 생각하는 사람들이 있습니다. 복잡한 생존 경쟁 속에서 어떻게 한가하게 참선을 하겠느냐고 말하는 이도 있습니다.

 그러나 복잡할수록 참선을 해야 정돈이 되고 모든 일 처리가 분명해집니다. 장사를 하든 농사를 짓든 직장을 다니든 일념 속에서 그 일을 할 때 정확하고 실수가 없고 명확해지는 것이지요. 그럴 수밖에 없지 않겠어요. 밝은 생각으로 살피는 것이 더 좋겠는지, 흐리멍덩한 생각으로 살피는 것이 좋겠는지 조금만 생각해 봐도 곧 답이 나오는 소리 아닙니까.

 그러니 모든 사람이 불교를 알고 살 때 세상이 밝아집니다. 불교를 모르니 업력 속에서 컴컴하게 그림자 속을 헤매니 사회의 모순, 불안, 갈등, 부조리가 일어나는 것이지 밝은 데서는 일어나지 않습니다. 가나 오나 앉으나 서나 항상 본래 공적한 자기를 돌이켜 보아야 합니다.

 본래 모양도 빛도 색깔도 없는 허공과 같은 이 자리가 우리의 본 고향입니다. 생각을 한번 텅 비워보세요. 얼마나 깨끗한 마음의 빛이 떠오릅니까. 이러한 마음으로 서로 대화하고 세상을 살아간다면 어떠한 일이 생겨도 결코 근본을 잊지 않습니다.

 그러나 평소에 우리는 이 마음의 고향을 쉽게 잊고 경계에 팔려 버립니다. 경계에 팔리면 온갖 생각에 사로잡히고 그러다 보면 주위 사람과 갈등을 일으키고 투쟁하고 불안해지지요.

 그렇다고 해서 이 세상 살아가면서 생각을 전혀 일으키지 말라는 말이 아닙니다. 우리는 생물이기 때문에 잠시도 생각을 일으키지 않을 수 없습니다. 그러나 수없이 생각을 일으켜도 본마음을 놓치지 말라는 뜻입니다.

밝고 때 묻지 않은 허공과 같은 그 마음을 가지고서 어떠한 경우에도 헤매지 않는 정돈된 자기 생활을 해야 합니다. 생각을 따라가다 보면 자꾸 어두워지니 이를 잘 알아 본시 때 묻지 않은 마음자리를 항상 간직하면서 희로애락 하라는 말이지요.

화두법도 옛날에는 없었습니다. 사람들 근기가 약해져 혼탁하고 어지러워지니 화두를 방편으로 삼아 깨치라는 화두법이 생긴 것입니다. 근기가 높은 자는 언하言下에 대오大悟라, 말 한마디에 그만 깨쳐버립니다.

하지만 그나마 여러 방편 중에서도 화두법은 참 좋은 방법입니다. 화두 하나에 딱 집중함은 마치 오르막길을 오를 때 쓰이는 지팡이처럼 강을 건너는 배처럼 화두라는 묘한 틀 속에서 내 인생을 깨치는 한 방법입니다.

우리의 근본 마음은 항상 눈앞에 현존해 어느 때도 없을 때가 없습니다. 눈앞에 벌어진 경계는 모두 손님일 뿐입니다. 누가 나를 칭찬하는 것도 내 손님이요, 나를 비방하는 것도 내 손님입니다. 정신이 혼탁해져 나타나는 경계도 모두 내 손님입니다. 이 손님들은 곧 떠나기 마련입니다. 언제든지 왔다 갔다 하지요.

　우리가 꿈을 꿀 때에도 현실과 마찬가지로 공포에 떨기도 하고 좋아서 웃기도 하고 슬퍼서 울기도 합니다. 그러나 꿈에서 깨고 보면 이제까지의 모든 것이 다 환상이었음을 알게 되지요. 꿈속에서 좋은 경계였다 하여 그 좋았던 것이 현실에 남아 있지 않습니다. 꿈속에서 괴로운 경계였다 하여 깬 다음까지 괴로울 것은 하나도 없습니다. 그야말로 꿈과 같이 허무하게 사라지지요. 그러나 꿈을 꾼 주인은 항상 자기입니다.

　마찬가지로 우리에게 희로애락의 경계가 온다 해도 왔던 것은 다 내 손님이라 언젠가는 가게 되어 있습니다. 그러나 그 주인, '나'라는 정체는 한 번도 떠나지 않습니다. 지옥에 가나 천당에 가나 그 어디를 가도 나란 존재는 잠시도 떠나지 않습니다.

　내가 주인입니다. 삼계육도를 아무리 헤매도 내 주인은 항상 나이며 천당이나 지옥 역시 모두 나에게 잠깐 온 손님일 뿐입니다. 영원한 것이 주인이며, 뭐 다른 것이 불생불멸이 아닙니다. 이러한 현실 일념을 파악해서 산다는 것이 바로 영원히 사는 것입니다. 눈앞의 일념에서 살지 못하면 그저 고깃덩이가 꿈틀거리다 간 것이지 진정 사는 것이 아닙니다.

　우리 육체는 백 년 안짝에 다 흩어집니다. 백 년이 결코 긴 세월이 아니며 누구나 언젠가는 간다는 사실은 결정적인데도 우리는 전혀 각성하지 않고 영원히 사는 줄로 알아 죽음에 대한 준비가 소홀합니다. 먹여주고 입혀주고 닦아주고 평생 종노릇하지만 이 육체란 놈은 은혜를 갚기는커녕 백 년 안짝에 마쳐버리니 아주 배은망덕하지요. 그런데도 세상 이보다 더 좋은 게 어디 있느냐며 100퍼센트 자기 전체의 재산인 줄 알고 매달립니다.

하지만 그래도 결국 얼마 안 가서 스러지고 마는 것이 육체입니다. 그것이 어찌 내가 될 수 있겠습니까. 참으로 불생불멸하는 보배로운 자기를 제쳐두고 그 허무맹랑한 그림자에 매달려 허덕거리고 살아서야 되겠느냐는 말이지요.

한 찰나를 살더라도 이렇게 하루하루 노력해서 먹고사는 것이 다 무엇 때문인가, 이 산다는 일을 밝히고 발견해야 합니다. 불교는 그 사는 태도를 분명히 알자는 것입니다. 세상 어느 누구에게도 이 문제를 해결하는 것보다 더 큰 문제가 어디 있겠습니까.

중생들은 생사사生死事도 부처님이 출현하신 것도 알지를 못합니다. 우리는 백여 년 동안 꿈틀거리며 무한히 헤맵니다. 아니 백여 년의 한 생뿐 아니라 또 몸 받고 몸 받는 수없는 광겁으로 생사의 파도에 떠내려가고 있습니다. 잠시도 살지를 못해요.

그러니까 이 생사 없는 도리 하나를 밝히기 위해 부처님이 출현하신 것이지요. 부처님은 이러한 쉬운 도리를 일러주셨건만, 중생들이 알아차리지 못하니 그 생사 없는 길에 몰아넣기 위해 45년 동안이나 종으로 횡으로 말씀하신 것입니다. 그러니 우리에게 중요한 것은 꿈 깨는 것밖에 없지, 더 무슨 일이 있겠습니까.

一月普現一切水

無為精舍　西廎

불교는 바로 꿈 깨는 문제이니 천하에 아주 쉬운 법입니다. 그런데 이렇게 가장 쉬운 것을 두고 겉으로 헤매니 어려워진 것입니다.

아침에 다만 한 시간, 아니 십 분만이라도 딱 앉아서 자기를 반성하는 시간을 가져보십시오. 나라는 존재가 무엇인가를 응시하고 인식한다면 그 시간은 참으로 빛나는 시간입니다. 비록 깨치지는 못하더라도 잠깐의 시간 동안이나마 진실히 면밀히 나를 더듬는다면 하루 24시간 생활하는 데 큰 힘이 되고 큰 빛이 됨을 직접 경험할 수 있습니다.

만상을 짓는 한 생각

부처님 법은 사량 분별로 따지고 상념으로써 판단하는 세계가 아닙니다. 부르면 대답할 줄 알고 꼬집으면 아픈 줄 아는 모든 중생의 목전일념目前一念, 눈앞의 한 생각, 이 한 생각 살피고 아는 데 있습니다.

불교보다 더 쉬운 이치는 없습니다. 다만 우리가 가장 가깝고 가장 쉬운 것을 두고 무한히 밖으로 헤매고 험로를 걸어가니 점점 더 진리에서 벗어나는 생활을 하게 되는 것이지요. 가장 가까이에 있는 나를 외면하고 항상 밖으로 헤매는 이것을 선문에서는 도거掉擧와 혼침昏沈이라고 합니다.

촛불의 불꽃이 정지해 있는 듯이 보이지만 찰나 찰나 타들어가는 것처럼 우리의 생각은 잠시도 정체하지 않고 시시각각 흘러갑니다. 이렇게 흘러가는 생각으로 치우치는 것을 도거, 산란심이라고 합니다. 또 이렇게 산란을 많이 하다 보면 피로가 와 혼혼해져서 혼침으로 기울어집니다.

어지러운 것과 혼혼해 정신없이 흐르는 이 두 가지 양극단에 치우치는 길을 여읜다면 중도에 분명히 빛나는 자기 주인을 만나볼 수 있습니다. 일체 상념이 끊어져 집중되는 자리, 망상과 혼침이 없는 분명한 그 자리를 일념, 또는 십념十念이라고 합니다. 여기서

십이란 수는 가득 찼음을 뜻합니다. 그러니까 십념은 어떠한 산란심도 침범하지 않는 순일함, 즉 망상이 없는 절대적인 나를 만나는 자리입니다.

나무아미타불을 열 번만 부르면 극락세계에 가서 난다는 십념왕생十念往生도 나무아미타불을 열 번 부른다는 것이 아니라, 단 한 마디를 해도 꽉 차서 조금도 틈이 없는 온전한 마음을 뜻합니다. 그리고 그러한 온전한 마음이 서로 마주 비출 때 그냥 이심전심으로 눈길만 마주치면 압니다.

부처님 당시에는 부처님이 출가하려는 사람에게 "선래善來 비구여." 하면 그대로 머리카락이 떨어졌다고 합니다. 머리카락이 떨어진다는 것은 무명無明 업식이 녹아나고 바로 본래 자리로 돌아간다는 것을 뜻하지요. 그래서 그때에는 여러 말이 필요치 않았어요. 그냥 눈 한번 끔쩍하고 얼굴 한번 보면 거울과 거울이 맞닿고 불이 불을 바로 비추듯, 부처님의 가르침인 진리를 찰나에 얻어 각성했지요.

그래서 일자무식이라도 바로 그 자리에서 꿈을 깰 수 있는 방법이 불교입니다. 혜능 스님이 방앗간에서 8개월 동안이나 방아를 찧었다는 것은 흐트러지는 모든 망상을 다듬고 용맹 정진한 태도를 말합니다. 그래서 비록 일자무식이지만 모든 제자를 물리치고 부처님의 정법안장正法眼藏, 이심전심으로 전해지는 불교의 핵심을 이어받아 선禪 문화를 크게 빛낸 것입니다.

이렇게 모든 형식과 의식을 탈피하고 바로 이심전심할 수 있는 골격이 불교의 근원입니다. 그러니 참선은 죽비 딱딱 치고 강의하고 설법하는 것이 아닙니다. 온갖 상념으로 바깥에서 헤매지 말고 빛을 돌이켜 근본 자기를 보라는 것입니다.

누가 이론을 설명할 줄 몰라서 안 하는 게 아닙니다. 그 이론으로는 아무리 해봐야 수박 겉핥기로 문 밖에서 어리대는 잠꼬대 같은 노래이기 때문입니다. 한 생각 돌이켜 이러한 진리를 터득하고 나면 이 험난한 사바세계를 사는 데 힘이 되고 빛이 되고 모든 문제를 해결할 수 있는 근본이 됩니다.

육체라는 것은 나의 그림자요, 거울에 비치는 환상과 같은 것이라 온 곳도 모르고 갈 곳도 모르고 현재도 모릅니다. 몸은 찰나에 이는 거품과 같고 그림자와 같은 존재입니다. 그런데 이것을 거꾸로 생각해서 몸을 자기로 알고, 진실한 자기는 외면하고 삽니다.

하지만 백여 년 동안 그렇게 귀중하게 보살피고 종노릇을 해줘봤자 이 몸은 종국에는 썩은 고깃덩이가 되어 며칠 안 가서 쾨쾨한 냄새가 나서 아무리 사랑하는 부모형제라도 그 송장 옆으로 가기 싫어하는 지경에 이르게 됩니다. 그러니 이러한 육체를 본위로 산다면 얼마나 비참하고 참혹하고 하잘 것 없는 인생이 되겠느냐 말입니다.

그런데도 중생은 어리석게도 이 육체의 육근문六根門을 통해 번뇌를 일으켜 내 인생을 송두리째 빼앗기고 삽니다. 그래서 육근을 도적에 비유해 육적六賊이라 말합니다. 거기에 팔려 참다운 자기 주인을 잃어버리니 도적이라는 것이지요.

우리가 육근문을 통해서 받아들이되 사실 받아들이는 것은 눈이 아니고 귀가 아니고 코가 아니고 육근이 아닙니다. 그러한 창문을 통해 눈으로 듣고 귀로 받아들이고 온갖 작용을 한다 해도 보는 놈이 따로 있고 듣는 놈이 따로 있고 맛보는 놈이 따로 있고 생각하는 놈이 따로 있는 게 아닙니다. 주인은 하나입니다. 그놈이 갖은 작용을 하는 것이지요. 그런 그 주인 하나에 초점을 가지고 비추어 보면 쉽게 자기의 정체를 볼 수 있게 됩니다.

부처님은 중생을 성불시키고자 온 것이 아닙니다. 중생이 이미 다 성불해 있는데도 그걸 모르고 사니까 이를 깨우쳐주기 위해서 오신 것입니다. "도솔천을 여의지 않고 왕궁에 강림했으며, 마야부인의 모태를 여의지 아니하고 중생을 제도해 마쳤노라."는 말씀이 그런 의미입니다.

이렇게 누구는 모자라고 누구는 남고 하는 것 없이 우리는 모두 석가모니와 동등하고 평등하게 절대 평등의 자리를 갖추고 있습니다. 자기를 발견하기란 세수할 때 코를 만지기보다 쉽다 했습니다. 아니, 오히려 세수를 하면서 코를 안 만지는 게 더 기적이지요.

우리가 눈으로 모든 걸 보지만 정작 자기 눈을 못 보듯이 사람들은 자기 주인을 못 봅니다. 그렇다고 '내 눈이 어디 갔노?' 하고 바깥으로 찾아 헤맨다면 그 사람이야말로 어리석은 사람이지요. 눈은 보이지 않지만 항상 가지고 있지 않느냐 말입니다. 잠시도 여의지 않고 산하 석벽 물물이 현존해 있음을 항상 보았으니 이게 분명 눈이 아니냔 말입니다. 그런 것을 새로이 어디 가서 눈을 찾으려 하니 억만 년을 찾는다 해도 못 찾는 겁니다.

이와 같이 우리의 마음도 평생 갖고 있는 겁니다. 누가 훔쳐간 것도 아니고 누가 훔쳐갈 수도 없는 이 마음은 마치 허공과 같습니다. 누가 칼로 그은들 상처가 날 리 없고, 누가 불로 태운들 그슬리지 않고, 누가 묶어 갈 수도 없고 묶어 올 수도 없습니다.

누가 허공 끝까지 간다 해야 허공 끝까지 갈 수 있는 사람이 있겠습니까. 바로 이 자리가 허공 끝인 것을 억만 년 헤매봐야 만날 그 자리지요.

이렇듯 마음은 허공과 같아서 우리의 사량 분별이나 지식이나 상념으로써는 도저히 사의할 수 없습니다. 그러나 인연 따라 누가 화를 돋우면 화를 낼 줄 알고, 누가 칭찬하면 좋아할 줄 알고, 슬픈 일 있으면 눈물 흘리며 울 줄 알고, 기쁜 일 있으면 덩실덩실 춤 출 줄 알고 이렇게 분명하게 작용하고 있습니다.

만일 그 자리가 본래 큰 자리라 하면 다시 작아지지 못하고, 그 자리가 둥글다면 다시 모나지 못하고, 그 자리가 악한 것이라면 다시 착해지지 못하고, 그 자리가 붉은 것이라면 다시 희고 푸르러지지 못할 것 아닙니까. 그런데 바로 그 자리에서 온갖 작용이 일어나니 그것은 큰 것도 아니요, 작은 것도 아니요, 모난 것도 아니요, 둥근 것도 아니요, 푸른 것도 아니요, 검은 것도 아니요, 착한 것도 아니요, 악한 것도 아닙니다. 그러므로 때로는 착하기도 하고 악하기도 하고 붉기도 하고 희기도 하고 울기도 하고 웃기도 하고 갖은 짓거리를 다할 수 있는 자리입니다. 이것이 마음이 허공과 다른 점입니다. 허공은 웃을 줄도 모르고 울 줄도 모르지만 우리의 그 자리는 온갖 천하 만 가지를 다 창출해 내는 조물주다 이겁니다.

그것이 바로 눈앞에 빛나는 여러분의 주인공입니다. 비록 만 가지 행동이 일어나도 본래 그 마음자리는 조용하고 적적하여 한 그림자도 없으니 바로 그 자리가 청정 법신法身입니다.

그런데 우리는 항상 자기 색깔을 가지고 모든 것을 보기 때문에 그 자리를 못 봅니다. 탐심의 색깔, 진심의 색깔, 시기 질투하는 온갖 자기 색깔로 짙게 물든 안경으로 보니 전체를 못 보는 것이지요.

그러나 바로 눈앞의 빛나는 밝은 그 자리로 보면 삼천대천세계가 그대로 훤히 비칩니다. 형단 없는 이 마음은 일체 구애를 받지 않지요. 그러니 우주 전체와 내가 둘이 아니지요. 우주 전체가 바로 내 몸입니다.

또한 상념이 끊어진 자리에 떡 앉아 있으면 과거 현재 미래가 따로 없어 일념즉시무량겁一念卽是無量劫입니다. 부처님이 보리수 아래에서 6년 동안 수행하신 것이 한 찰나에 지나가는 것이지 6년이 지루하다는 생각이 있었으면 그리 앉아 있지 못합니다. 병이 나버리지요. 이렇듯 우리가 시간 공간을 초월해 마음자리에 서고 보면 일념이 즉시 무량 원겁이고 무량 원겁이 일념입니다.

   한계가 없는 이 자리를 알면 어디 걸릴 데가 없습니다. 그 자리를 모르기 때문에 처처에 걸려 사는 것이지요. 자, 그러니 지금부터라도 우리 모두 일체의 구애를 벗어난 본래 자리를 되찾아 성불의 길로 나아가도록 힘써 정진합시다.

이 보배 하나 얻어놓으면 천하가 태평하다

　부처님의 가르침을 배우고 수행을 하는 이유는 내 인생의 근본을 밝히기 위해서입니다. 그런데 인생의 근본을 깨우쳐주시는 부처님의 가르침은 우리의 사량 분별이나 이론으로는 얻을 수도 없고 가르칠 수도 배울 수도 없습니다.

　왜냐하면 가르치고 배운다는 것은 모두 근본 마음에서 일어난 생각이고, 그 생각이란 것은 모두 근본 마음에서 일어난 그림자이기 때문이지요. 그러니 상념을 주워들어 횡설수설하는 가르침을 이리저리 좇아서는 근본 마음을 볼 수 없습니다.

　일체 생각이 일어나기 전 그 자리가 바로 빛나는 우리의 본래 생명체입니다. 부처님이 45년 동안 설하신 것도 다 이러한 근본 자기 자리를 깨치는 방법입니다.

　선 수행 역시 그러한 부처님의 뜻과 통하는 것으로, 본래 마음자리를 밝혀 수행과 생활이 둘이 아닌 불교를 일으키자는 것이지요. 그래서 울고 웃고 앉고 서고 가고 오고 하는 모든 인간사에서 진리에 어긋나지 않는 생활을 할 수 있느냐 하는 것이 우리의 공부 과제입니다.

　참선 수행을 해서 망상에 사로잡히지 말고 무심해지라 하니까 그저 아무것도 하지 않고 아무 생각도 없이 우두커니 앉아 있는 것을 수행이라 착각하는데 그런 것은 불교가 아닙니다. 그런 것이 불교라면 부처님이 어찌 중생의 아픔을 알 수 있겠습니까. 사실 누구보다도 중생의 삶을 세밀하고 정확히 보고 느끼신 분이 부처님입니다.

본래의 마음자리를 보고 자기 부처를 잃지 않아야 모든 것을 그대로 비출 수 있게 됩니다. 그래야 비로소 친구의 슬픔을 같이 슬퍼하며 눈물 흘릴 수 있고, 기쁜 일에 같이 기뻐하며 춤추고 노래할 수 있습니다.

다만 그 슬프고 기쁜 여운을 몇 날, 몇 달, 몇 해를 끌고 가기 때문에 이러한 희로애락이 번뇌가 되는 것입니다. 어떤 일이 있었는데 그 일의 경계가 지나간 뒤에도 이를 갈고 분개하고 잠을 못 이루고 그렇게 그 일에 걸려 벗어나지 못하는 것이 중생이라는 말이지요. 그러나 둥근 것이 오면 둥글게 비춰주고, 모난 것이 오면 모나게, 검은 것은 검게, 흰 것은 희게 비춰주는 거울과 같이 세상 만물을 그대로 비춰주는 본래 마음자리는 그 어떠한 것이라도 일단 지나가고 나면 아무것도 남지 않습니다.

부처님이라고 바늘로 찔러도 아프지 않고 더러운 것도 상관없는 게 아닙니다. 오히려 중생보다 더 중생의 희로애락을 심각하게 느끼되, 본래 때 끼지 않은 그 마음을 아무 구애 없이 구사하므로 중생의 고통을 해결해 줄 지혜를 갖춘 대해탈의 부처님인 것입니다. 따라서 현실을 떠나 부처 되는 도가 따로 있을 수가 없지요.

그러므로 부처님의 삶을 닮아가고자 하는 수행을 통해 우리는 남보다 더 중생의 쓰라린 감정을 이해할 수 있어야 하고 그 괴로움을 어루만질 수 있는 힘을 키워야 합니다. 그렇게 온갖 것을 느끼되 자기의 근본 마음에는 털끝만치도 흔들림이 없는 그런 생활을 익혀가는 것이 수행이지요.

그렇게 해서 근본 마음을 밝히고 보면 사실 어떤 행동에도 구애가 없게 됩니다. 그 근본 마음을 한번 밝히고 보면 밝은 부처 자리를 조금도 해치지 않으면서도 중생의 고락을 같이 하게 됩니다.

중생이 겪는 고통은 모두 잠시 왔다 가는 손님입니다. 어떠한 기쁜 일이든 슬픈 일이든 모두 언젠가는 사라집니다. 태어나면 반드시 죽게 마련이고, 만나면 헤어짐이 있습니다. 무슨 권리든 명예든 모두 때가 되어 왔다가 때가 되면 가는 손님입니다. 그러니 오는 모습 그대로 다 환영해 주고 대우해 주고 또 보내주어야 합니다.

알고 보면 나한테 오는 손님은 다 까닭이 있어서 오는 것이지 인연 없이 오는 손님은 없습니다. 부자지간이 되고 부부가 되고 친한 친구가 되고 원수가 되어 생기는 모든 갈등은 다생겁래에 내가 뿌린 씨로부터 반응이 찾아오는 것입니다.

그런 이치를 안다면 좋은 경계가 왔다고 좋은 데 빠져 정신없거나, 나쁜 경계가 왔다고 쩔쩔매며 정신 못 차리지는 않습니다. 좋은 경계가 와도 언젠가는 갈 손님이요 나쁜 경계가 와도 다 까닭이 있는 손님이니 항상 후하게 대해주어야 합니다. 그렇게 마음 흔들림 없이 손님을 잘 대접할 때, 내 삶이 후회가 없고 행복해집니다.

손님은 다 떠나갑니다. 권력이든 명예든 건강이든 보물이든 모두 손님이기에 떠나게 마련입니다. 그러나 삶의 주인인 근본 마음자리는 떠날 수도 없고 한 번도 그 자리를 이탈하는 일도 없습니다. 그야말로 시작도 없고 끝도 없고 태어남도 없고 죽음도 없는 영원히 불생불멸하는 자기 주인이지요. 이 주인은 형단이 없어서 피해를 입을 수도 없고 여읠 수도 없습니다. 이것이 우리의 위대한 근본 생명체입니다.

바로 이 마음자리를 발견해야 합니다. 모든 것에 구애받지 않는 이 보배를 하나 얻어놓으면 그야말로 천하가 태평합니다. 천하 어떤 것이든 고통을 줄 수 없고 죽을 수도 없는데 무슨 걱정이 있겠습니까. 다만 그런 자리를 못 보고 모르니 이 몸뚱이만을 전 재산인 줄 알고 잠시 있다 떠나는 손님한테 매달려 허덕거리며 방황하는 인생을 살게 되는 것이지요.

그 자리를 하나 얻어놓으면 종일 웃어도 웃는 바가 없고 종일 얘기해도 한마디 말한 바가 없지요. 허공에 온갖 것이 지나가고 번개가 치고 뇌성이 울려도 허공에 무슨 상처가 있겠습니까. 그렇듯이 그 한 자리만 얻어놓으면 어떠한 생활이라도 조금도 구애받지 않습니다.

바로 그 자리를 알아야 비로소 불교의 문 안으로 들어온 것입니다. 그 자리를 알지 못하면 아무리 팔만사천법문을 종으로 횡으로 외운다 해도 문 밖의 일이라 처처에 걸리지 않는 것이 없지요. 그러나 그 자리를 알고 수행하면 만사가 태평합니다.

그런 태평한 인생을 살자는 것이 불교인데 어려울 까닭이 없지요. 태평하고 즐겁고 명랑한 삶을 이루는 길, 그 길은 멀리 있지 않습니다. 자꾸 밖으로 좇아 멀리 헤매지 말고 지금 이 자리에서 자기 모습을 돌이켜 보는 것에서 시작하면 됩니다.

제2장

원적, 자기의 근본 자리

어떠한 물건이 이래 왔는고

　근거 없는 갈등으로 노심초사하는 중생계에서 선은 단도직입적으로 꿈을 깨는 가장 쉬운 방법입니다. 선은 모든 이론과 상념 세계를 털어버리고 생명체라면 누구나 꼬집으면 아픈 줄 알고 부르면 대답할 줄 아는 그 주인공을 끄집어내는 방법입니다. 따라서 참선은 특별한 사람만 할 수 있는 게 아닙니다. 이 세상을 살아가는 모든 사람, 어떠한 신분이나 남녀 차이를 불문하고 누구나 다 쉽게 할 수 있습니다.

　흔히들 참선이라고 하면 별스럽고 어려운 것인 줄로 알지만 사실 알고 보면 이보다 더 쉬운 게 없습니다. 우리의 기쁜 생각이나 슬픈 생각, 사랑하는 생각이나 미워하는 생각의 모든 희로애락이 일어나는 뿌리가 어떠한 것인가 회광반조해 보면 그 자리가 공空하다는 겁니다. 그러니까 그 자리에 무슨 뿌리가 있어서 기쁜 생각이 일어나고 슬픈 생각이 일어나는 게 아닙니다. 허공에 한 점 구름이 일 듯, 아무런 근거 없는 데서 일체 마음이 일어납니다.

　그런데 그 근거 없는 마음 때문에 온갖 갈등과 불행과 싸움이 벌어지니 이것이 문제지요. 그런 온갖 갈등도 사실 지나고 보면 그 뿌리 없음을 알 수 있거든요. 그렇게 뿌리 없는 마음에 우리가 속은 것이지요. 무슨 근거가 있어서 갈등이 일어난다면 몰라도 근거가 없는데 괜히 불쾌해하고 노심초사하고 거기에서 헤어나지 못하는 것이 중생입니다.

오늘날 철학이니 종교니 문화니 하는 학설과 주의 주장들이 불교와 근본적으로 다른 면이 하나 있습니다. 세상의 철학은 근본에 가서는 나라는 핵심이 하나 있고 진리라는 것이 따로 하나 있습니다. 그렇게 나와 진리를 분리해서 이리저리 분석하다가 이해가 안 되면 마지막에는 편리하게 신과 연결시키고 맙니다. 그래서 서양 철학이나 종교는 하나를 발견하지 못하고 두 조각으로 나뉘어 있습니다. 선이 있으면 항상 악이 따르고, 생이 있으면 죽음이 있고, 내가 있으면 네가 있고, 전부 상대적으로 갈라집니다.

그러나 불이법不二法, 즉 둘이 아닌 법에는 시비장단이 끊어지고 선악시비가 다 끊어집니다. 바로 그 끊어진 자리에 꽉 막혀서 집중할 때 꿈을 깨버립니다. 불교는 그렇게 꿈을 깨라는 겁니다.

우리의 일상적인 사량 분별은 전부 다 조각이 나는 법이라 원만하지 못합니다. 이런 이치로는 아무리 잘한다고 해도 잘할 수 없습니다. 잘한다고 하면 벌써 잘못하는 것과 같습니다.

우리가 아무리 산다고 노력해 봐야 벌써 사는 것이 죽는 겁니다. 죽는 것과 사는 것은 그렇게 한데 뒤범벅이 되어 있지 절대 영원히 살지 못합니다. 그러니 그런 생과 사, 일체 시비를 초월해야만 참으로 진리를 발견할 수 있는 것이지요. 제행무상諸行無常이 그런 경지에서 발견된 이치입니다.

이 세상 모든 형상 있는 것은 다 흘러가 버립니다. 이 세상에 흘러가지 않는 것이 어디 있습니까. 아무리 견고한 것도 언젠가는 마모되고 다 흘러갑니다. 이것이 나고 멸하는 생멸법生滅法입니다.

그러니 이 생멸이 멸하여 딱 그칠 때, 그게 참된 낙樂이 되는 것입니다. 생멸이 흘러가는 데서는 참된 낙을 찾을 수 없습니다. 생멸이 멸하는 그러한 참된 낙을 찾아내면 그다음에는 자유자재로 설 수 있습니다.

산중에 파묻혀 있는 금은 그대로는 아무 쓸모가 없습니다. 광부가 땀을 뻘뻘 흘리며 금을 캐내고 용광로에서 녹여 제련을 해야 금이 됩니다. 그래야 반지도 만들고 비녀도 만들고 온갖 것을 만들어 금의 가치로 쓰이지 산속에 그냥 두면 무슨 가치가 있겠습니까.

그와 마찬가지로 우리가 다 부처는 부처인데 광산에 있는 금과 같은 셈이지요. 우리가 자꾸 정진하고 노력하는 것은 광부가 땀을 흘리며 광산에서 금을 캐는 것과 마찬가지입니다. 용광로에서 금을 녹이듯 참선을 열심히 하면 잡생각이 다 사라집니다. 그렇게 해서 순금으로 만들어지면 광산에 버려져도 다른 것들과 섞이지 않고 언제나 불멸하는 금이 되듯이 우리도 한번 성불해 꿈을 깨면 그때 가서는 지옥에 가든 천당에 가든 아무것에도 물들지 않습니다.

중생은 자기 삶을 자기 마음대로 하지 못합니다. 내가 아무리 웃고 싶어도 누가 화를 돋우면 화를 내고, 아무리 편안해지고 싶어도 괴로운 일이 생겨 괴로워합니다. 온갖 주위 환경이 나를 흔들어 능동적으로 사는 게 아니라 피동적으로 삽니다. 이생에 올 때에도 오리무중으로 어디서 온지 모르고 죽을 때에도 어디로 간다는 보장 없이 오리무중으로 흘러갑니다.

그러니까 그렇게 흘러가지 말고 내 근본을 한번 찾아내자는 것이 선입니다. 그래서 도를 깨치면 내가 세계를 활용하게 됩니다. 내가 성내려면 성내고 내가 웃으려면 웃고 내가 울려면 울고 내 마음대로 하는 겁니다.

내 마음대로 지옥에 가려면 지옥에 가고 천당에 가려면 천당에 가는 이것이 해탈입니다. 돌덩어리를 용광로에 달구어서 순금을 찾아내듯, 생사를 초월해 불생불멸하고 시간과 공간을 초월해 여여부동한 자기 모습인 불성을 발견하는 방법이 참선입니다.

구름만 걷히면 청천 하늘이듯 잘못된 착각만 떼어버리면 그대로 본래 부처입니다. 그 여여부동한 자리를 찾아 가만히 앉아서 '이 뭣고' 한다든지, '뜰 앞의 잣나무', '똥 막대기다' 등의 1700 공안이 있는 겁니다.

하지만 사실 알고 보면 우주 전체가 공안 아닌 게 없습니다. 풀

한 포기나 먼지 하나, 바람이 일고 물 흐르는 모든 것이 다 공안입니다. 삼라만상 두두물물頭頭物物 화화초초花花草草가 모를 때에는 다 막히고 알면 다 부처입니다.

그래서 그 모른다는 것 하나에 딱 걸려서 산란심을 끊어버리고 한 생각에 집중하면 또 다 알아집니다. 이렇게 불법은 어려운 법이 아닙니다. 우리가 하지 않아서 그렇지 누구나 하면 이루어지는 법입니다.

아무리 배운 것이 많고 과학 문명이 발달했다 해도 우리가 아는 것에는 한계가 있습니다. 푸르게 알든 둥글게 알든 길게 알든 짧게 알든 궁극에 가서는 아는 한계에 그쳐버린다는 것이지요. 불교는 아는 한계를 뛰어넘는 것이고, 참선은 참된 불법으로 곧장 들어가는 방법입니다.

그런데 아는 한계를 뛰어넘자면 먼저 모른다는 것을 알아야 합니다. 이리저리 따지는 것으로는 모른다는 결론이 안 나옵니다. 그래서 대의단大疑團이 참선의 첫째 원리입니다. 그런 커다란 의심 덩어리를 안고 뚫어가는 것이 화두입니다.

작은 것을 가지고 의심하는 것은 화두가 아닙니다. 가령 주먹을 쥐고 '이 안에 뭐가 들었는고?' 한다든가 '저 궤짝 속에 무엇이 들었는고?' 하고 한계를 정해놓고 의심하면 알아봐야 주먹 속에 있는 것과 궤짝 속에 있는 것밖에 없습니다.

따지고 분석해서 원리를 캐려는 자세로 온갖 선입견을 가지고 화두를 행한다면 마치 모래로 밥을 짓는 것과 같습니다. 그러한 태도로는 수천 년을 해도 이룰 수 없습니다.

그러므로 화두에 임하는 태도가 중요합니다. 그저 의심만 한다고 되는 것이 아닙니다. 모든 지식이 없어지는 그 순간, 더 이상 나아갈 수 없는 벽에 딱 부딪히는 그것이 화두입니다. 그렇게 화두는 전체가 의심 덩어리 그 하나뿐이어야지 거기에 무슨 조건이 붙을 수 없습니다.

화두는 따지고 가르칠 수 있는 알음알이 지식 보따리는 다 집어던지고 들어서야 합니다. 우리가 아는 한계를 가지고 이것은 무엇이고 저것은 무엇인가 하고 따지고 의심해서는 참선의 근본을 깨칠 수 없습니다. 그것은 마치 붉은 안경을 쓰면 하얀 것을 봐도 전부 붉게 보이듯이, 자기가 안다는 한계 그 선입관에 가려서 근본을 모르는 것과 같습니다.

예를 들어 신을 믿는 생각을 갖고 참선 화두에 몰두하면 결국은 자기도 모르는 무의식중에 모르는 것을 신에다가 붙여버리게 됩니다. 그러므로 화두를 하는 바른 자세가 중요합니다. 참선을 하기 위해 충분한 기초를 닦아야 합니다. 그저 남의 말 듣고 남이 하는 것을 보고 따라 해서는 안 됩니다.

집을 지을 때에는 설계자가 필요하고 기초 공사를 잘해야 합니다. 만약 급한 생각에 모래밭에 기초도 닦지 않고 집을 지으면 그 집은 오래지 않아 무너질 것입니다. 마찬가지로 불법의 이치에 단도직입적으로 들어가는 참선을 하려면 기초가 단단해야 합니다. 팔만대장경을 보고 강원에 가서 5년이고 10년이고 철저하게 경전 공부도 해 이론이 한계에 달해 더 이상 필요 없을 데까지 도달해 버리면 참선 공부가 제대로 됩니다. 그렇게 세상의 모든 철학이나 종교, 인간이 짜낸 모든 지식을 섭렵해 그것이 아닌 줄 완전히 포기한 입장이 되면 참으로 참선을 하게 됩니다.

하지만 또 그렇게 모든 것의 한계를 알도록 깊이 공부하지 못했다 해도 참선의 길은 있습니다. 비록 일자무식일지라도 헛된 상념 없이 선지식을 절대적으로 믿는 사람도 참선의 길에 들어갈 수 있습니다.

그러나 요즘 시대는 모든 것이 타당성이 있어야 하고 객관성이 있어야 하고 이성적으로 맞아야 남의 말을 믿지 맹목적으로 믿는 시대는 아닙니다. 인간의 인지가 발달할수록 뭔가 상념을 구사해서 비판하고 판단하지 맹목적으로 따라가지 않습니다.

오늘날 불교가 널리 인정되고 큰 관심의 대상이 된 것도 인류가 인지가 발달하고 과학이 발달해 그만큼 지혜가 밝아졌기 때문입니다. 따라서 오늘날의 참선 화두란 지혜를 갈고 닦아 지혜의 한계를 넘어 더 이상 이론이 필요 없는 단계에 들어설 때 제대로 공부가 됩니다.

하루 24시간 정신없이 사는 것이 중생의 삶인데 그런 가운데도 근본 마음을 잃지 않고 사는 것이 참선입니다. 밖으로 일체 경계에 흔들리지 않고, 안으로 모든 산란심이 사라진 자리가 참선 자리입니다. 마치 화경으로 초점을 맞춰 햇빛을 모아 불을 일으키듯 일념으로 의심 덩어리를 뚫어야 합니다. 기쁜 생각, 슬픈 생각, 미워하는 생각, 사랑하는 생각, 과거 현재 미래의 온갖 잡념이 흩어져 있으면 집중력을 잃고 힘이 없어집니다.

사실 세상의 모든 학설이나 지식을 철저히 알면 알수록 마음이 정돈됩니다. 그래서 공부가 많이 된 사람은 몇 마디 안 해도 서로 마음이 통합니다. 몇 마디 근본만 얘기해도 그것이 무슨 말인지 정리가 되어 한두 마디로 인류의 모든 이론을 끊어버리는 것이 가능하지요. 그렇기 때문에 말이 간단해집니다.

마치 바닷물을 한 번 찍어 먹어보면 그 바닷물이 다 짠 줄 알듯이, 한 가지를 딱 이해하면 우주의 모든 것이 파악됩니다. 그렇게 꿰뚫는 이치를 모르는 사람은 일상생활에 그저 토막토막 '이게 뭐꼬 저게 뭐꼬' 이렇게 의심을 내는데 그래서는 참선 화두가 안 됩니다.

회양懷讓 선사는 공부를 많이 한 뛰어난 학자였는데도 자기가 아는 것이 캄캄한 그림자 같고 안심이 안 되어 항상 통쾌하질 못했어요. 그런데 일자무식인 혜능 스님의 명성이 천하에 진동하고 많은 사람들이 그곳에서 마음을 열고 혜안을 얻었다 하니 신기했습니다. 회양 선사는 어떻게 일자무식인 자가 그럴 수 있는가 하고 궁금해 그를 찾아가 보자고 길을 떠났습니다.

그런데 회양 선사가 혜능 스님의 처소에 이르러 방문을 열고 인사를 하려는 순간, 혜능 스님이 "어떠한 물건이 이래 왔는고?" 하고 대질러 묻는 것이었습니다. 그 순간 회양 선사는 '어떠한 물건이 왔느냐.'는 그 말에 모든 생각이 딱 막혀버립니다.

오지 않은 것은 아니지요. 왼손 한 번 내흔들고 오른손 한 번 내흔들고 왼발 한 번 내딛고 오른발 한 번 내딛고 몇 달을 그렇게 힘들여서 왔단 말입니다. 눈을 반짝반짝하게 뜨고 물에 빠지지도 않고 지나가는 사람과 부딪치지도 않고 수레에 치이지도 않고 오기는 왔는데, 혜능 스님의 물음에 '어떠한 물건이 이래 왔다.'고 되받아야 하는데 꽉 막혀버린 거지요.

마치 혼이 빠진 양 우두커니 그렇게 정신없이 얼마 동안을 서 있던 회양 선사는 그 길로 막힌 그것을 그대로 안고 발길을 돌렸습니다. '내가 오기는 왔으면서도 어떠한 물건이 이래 왔느냐는 물음에 한마디 대답도 못 하면서 종일 이야기를 한들 무슨 이익이 있겠는가!'라는 생각을 한 것이지요. 평생 갈고 닦은 지식으로도 그 대답 하나 못 했으니 어디다 써먹을 지식인가 통탄할 노릇이었지요. 그야말로 지식의 금자탑이 일자무식인 혜능 스님의 한마디에 와르르 다 무너져버린 것입니다.

이렇게 되니 재산 전부를 다 바람에 날려 보내고 빈털터리가 되어 돌아가는 판입니다. 마치 목에 가시가 걸린 것처럼 이놈의 꽉 막힌 것이 그냥 삼키려고 해도 안 넘어가고 뱉으려 해도 안 뱉어지니 얼마나 답답한 노릇이겠어요. 누가 곁에서 무슨 말을 해도 다 마이동풍이라 묻는 말에도 동문서답일 뿐, 오직 그놈 하나가 딱 걸려서 아무 말도 들어오지 않았습니다. 무슨 책을 들고 찾아보고 사전을 뒤지고 찾아볼 문제도 아니고 그렇다고 연구할 대상도 아니었지요. 그냥 단도직입적으로 꽉 막혀버렸으니 그렇게 답답한 걸 풀지 않고서야 마음을 놓을 수가 없었습니다.

　가나 오나 앉으나 서나 밥을 먹으나 뒷간에 가나 문제 하나가 꽉 걸려서 잠자기 전까지는 그 문제를 놓으려야 놓을 수가 없었습니다. 친구에게 편지를 하나 쓰려 해도 그 의심이 꽉 막혀서 잠시도 놓을 수가 없었지요. 회양 선사는 바로 그런 꽉 막힌 의심 덩어리를 한시도 놓지 않고 붙들고 갔기에 결국에는 하루아침에 확연히 깨치게 됩니다. 이것이 바로 참선이 되는 이치입니다.

　그런데 이렇게 깨쳐서 본래 성품을 안다 해도 머리가 하나 더 생기고 눈이 하나 더 붙는 게 아닙니다. 그 모습 그대로 진리인 것입니다. 요즈음 흔히 신통력이나 부리고 기이한 경지가 도인 줄 아는데, 우리 인생 문제에 있어서 그깟 신통력 하나 가져다가 어디에 써먹겠습니까. 미혹한 중생에게나 그런 것이 동하지 생사를 초월한 자리에 신통력을 쓸 자리가 어디 있겠습니까.

참으로 이것이 불교의 위대함이지요. 그래서 평상심이 도요, 졸리면 자고 배고프면 먹는 그대로의 세계가 바로 깨달음의 세계지 무슨 신출귀몰한 문제를 해결하는 것이 도가 아닙니다.

이렇게 말하면, 그런 게 도라면 그럼 도란 게 별것 아니지 않은가 하고 물어볼 수 있습니다. 하지만 중생은 그렇게 살지 못합니다. 뭔가 색안경을 쓰고 세상을 살기 때문에 세상 현실을 그대로 판단하지 못합니다. 권력의 안경을 쓰고 친구의 의리조차 끊어버리고, 욕망의 안경을 쓰고 일을 올바로 판단하지 못합니다. 중생은 모두 병에 걸려 있습니다. 오늘날 사회가 혼탁한 것은 중생이 이처럼 병들어 있기 때문입니다.

그러나 불교의 인과만 알아도 혼란은 오지 않습니다. 인과 원리만 안다면 길가에 돈이 굴러다녀도 줍지 않습니다. 정당히 노력하지 않은 돈은 나에게 도움이 안 된다는 것을 알기 때문입니다. 내가 노력한 만큼 내게 도움이 되지 우연이나 기적이나 요행은 있을 수 없다는 것이 인과의 이치입니다.

세상 이치가 전부 까닭이 있다고 하는 것이 불교입니다. 이것이 있음으로 해서 저것이 있고 저것이 있음으로 해서 이것이 있다는 연기법이 그 모든 것을 말해주지요. 세상 만물의 근본 핵심, 그 이

同體大悲

戊寅元旦
清華山人 西庵

치로 보면 전부 하나입니다. 그 하나를 알 때 우주 전체를 알아버리지요.

종교도 그렇습니다. 불교가 따로 있는 게 아닙니다. 뭐든지 인간 지혜가 극도에 다다르면 한 소리를 하게 됩니다. 진리가 하나이지 이치가 둘이고 셋이고 이럴 수는 없습니다.

자기 소견대로 중간쯤 보고 판단해서 옳다고 으스대는 것이지 극에 달해서는 모두 똑같은 소리를 하게 됩니다. 그것이 불이법이지요. 부처님이 법을 따로 정한 것이 아닙니다.

부처님은 도를 구하기 위해 당시의 모든 철학을 배우고 육사외도들과 논쟁도 해보았지만 도무지 해결이 되지 않았습니다. 그래서 스승도 없이 혼자 보리수 아래에서 6년 동안 수행한 끝에 마침내 참으로 절대적인 진리를 깨달았으니, 그것이 바로 천상천하유아독존입니다.

어느 하늘 꼭대기에 무슨 신이나 땅 속에 무슨 신이 간섭하는 것이 절대 아닙니다. 전부 각자가 모든 것을 창조하는 핵심이요 원동력이며 창조주요 조물주다 이런 말이지요.

이것이 불교의 위대한 가르침입니다. 그런데 그것이 석가모니 혼자서만 그렇게 깨쳤다는 것이 아닙니다. 석가모니는 맨 먼저 깨친 부처요, 중생은 점차 깨칠 부처이기에 거기에는 조금도 차별이 없습니다.

우리가 모두 형형색색으로 남자 여자 잘나고 못나고 건강하고

약하고 다 다르지만 그 마음자리는 짧지도 않고 길지도 않습니다. 절대 평등합니다. 모양 있는 자리는 차별이 있을 수 있지만 모양 없는 자리에 무슨 차별이 있겠습니까. 그 자리는 누가 훔칠 수도 없고 해칠 수도 없는 절대적인 자리입니다. 그 절대적인 자리를 완전히 파헤쳐서 각성하는 것이 불교입니다.

그건 네 부처지 내 부처가 아니다

생각 비우기란 참으로 힘이 들며 일부러 비우고자 하면 잘되지 않습니다. 어둠을 물리치기 위해 불을 켜듯, 이럴 때 화두를 하면 일체의 생각이 끊어집니다. 일체 이론이 끊어져 마치 수십 미터 철벽이 앞을 가로막은 것과 같이 되니 사량 분별이 생기지 않게 됩니다.

취부득取不得 사부득捨不得이라. 방 안의 허공은 네모반듯한 허공이겠지만 방을 둥글게 꾸며놓으면 둥근 허공이 만들어지지요. 하지만 이것은 사람들이 착각하여 둥근 허공이니 네모난 허공이니 하는 겁니다. 실제로 허공 자체는 네모나거나 둥글 수가 없지요. 그러니 이 모든 것을 취하겠습니까, 버리겠습니까.

사람들은 자기가 만들어낸 사량 분별로 악한 마음을 쓰기도 하고 착한 마음을 쓰기도 하고 큰 마음을 쓰기도 하고 작은 마음을 쓰기도 하고 푸른 마음을 쓰기도 하고 붉은 마음을 쓰기도 합니다. 하지만 이는 스스로 갖은 착각을 하는 것이지 본래의 마음자리는 한계가 없어 모양도 빛도 없는 대소장단 일체가 끊어진 자리입니다.

허공 자체에 분별심이 있어서가 아니라 우리가 규정지음으로써 크고 작아지는 것이지요. 마음을 크고 훌륭하게 쓰면 위대한 사람이 되는 거고 옹졸하게 쓰면 졸렬한 인간이 되는 겁니다.

그러니 우리의 마음자리란 결국 생멸이 끊어지고 일체 시비가 끊어진 자리임에도 불구하고 스스로 각각의 세계를 만들어놓고는 서로 옳다고 주장합니다. 이것이 바로 중생계의 모습입니다. 그러나 부처님과 성현은 무아의 세계, 우주와 같이 호흡해 피아가 없고 차별이 없어 일체 걸림 없이 자유자재하니 그것이 해탈입니다.

우리가 안다고 하는 것은 육근을 통해서 일어나는 세계이며 한계가 있는 세계이니 이 육근계를 닫고 알고자 하는 것이 화두입니다. 화두라는 말 자체도 '말씀 화話', '머리 두頭', 뜻을 생각하고 한계를 규정짓기 전, 말하기 이전을 뜻합니다. 무엇인가 물으려고 머뭇거리자 임제臨濟 스님은 벽력같이 고함을 질렀고 덕산德山 스님은 몽둥이로 방을 쳤다고 합니다.

막대기를 가지고 하늘의 별을 따려는 것과 같이 세상의 생각과 이론으로는 도저히 닿지 않을 이야기를 하니 대답할 필요가 없거든요. 그렇다고 가만히 있을 수도 없고, 말로 통하지 않으니 주장자를 후려치고 벽력같이 고함을 치는 것입니다. 부처님이 팔만사천법문을 하셨지만 한마디도 말한 바 없다고 하신 것도 바로 그런 뜻입니다.

화두를 가지고 한 시간만 일념으로 선을 해보면 속에 있는 번뇌 망상이 다 쉬어버리고 머리가 아주 맑아지고 모든 것이 환해지는 기운을 느낄 것입니다. 왜 그러느냐 하면 사량 분별로 부분적으로 알아 머릿속에 꽉 박혀 있던 것을 모두 터놓으니 근본 마음이 비치는 것이지요. 그러니 참선의 화두라는 것은 참으로 광명이 비추는 것입니다.

그래서 가만히 앉아 있다 보면 식심識心이 맑아져 몇 백 리 밖에 누가 오는 것까지 그림처럼 환히 보기도 하고, 까맣게 잊었던 일, 부모 태 안에 있었던 일, 부모의 몸 안에 들어가기 전 자기 면목까지 나타나는 것입니다. 이런 것은 절대 탁한 정신을 가지고는 보이지 않습니다.

화두를 하면 이렇게 탁한 기운이 사라지고 자기의 본래 광명이 비추므로 과거 현재 미래를 꿰뚫어 그 관계를 통해 사리를 알게 됩니다. 그래서 히말라야 산속에서 수양하는 사람이 가만히 앉아서 예언을 할 수도 있는 거지요.

그러나 강조하지만, 이때 알게 되는 그것이 공부는 아닙니다. 그것은 우리가 부산에서 서울로 갈 때 특별히 보려고 노력하지 않아도 지나는 길에 대구나 수원을 보게 되는 것과 같은 이치입니다. 서울은 아니지만 근사한 도시가 잠시 보이는 것을 서울로 착각해서 본래 목적지를 잊고 보이는 것을 따라가다 보면 오히려 공부가 안 되고 대도를 성취 못 하게 되지요.

이렇듯 어떠한 경계에 걸려 다시 진척할 수 없는 정신 상태가 되면 마음이 다시 탁해져서 알던 경계도 잊어버리고 공부가 끝장이 나게 됩니다. 그런데도 사람들은 그것이 도인 줄 알고 아무 소리나 막 하지요. 그리고 남들은 모르는 것을 척척 맞추니까 호기심이 나서 모두 그런 사람을 찾아갑니다. 그러나 이런 사람은 처음엔 어느 정도 알았다 해도 그것이 근본이 아니므로 곧 다시 멍청해집니다.

≪능엄경楞嚴經≫에 오십종변마사五十種辨魔事라고 해서 이러한 현상이 오십 가지로 일어나는 것을 설명하고 있습니다. 하늘의 공중에서 여러 선현이 나타나 장하다고 칭찬하기도 하고 풍악이 울리고 아름다운 경계가 보이는 갖은 조화가 일어납니다. 그러나 이것은 전부 마魔가 외도外道로 신통 변화를 일으켜 일시적으로 일어나는 현상일 뿐입니다.

부처님 수행 당시에도 마구니들이 아름답게 꾸며서 부처님을 유혹하고 혹은 무력을 이용해 큰 창으로 위협하기도 했는데 부처님은 그런 경계에 흔들리지 않았어요. 이것을 표현한 것을 항마상降魔相이라고 하는데 마구니를 마음으로부터 항복받은 것이지요. 어떠한 경계가 와도 흔들림이 없는 것입니다. 설사 부처님이 와서 "네가 참 장하다."고 해도 그건 네 부처지 내 부처가 아니라는 말입니다. 이것이 석가모니의 가르침입니다.

부처님의 가르침은 절대 내 안에 있는 내 부처를 찾는 것입니다. 내 밖에 있는 어떠한 다른 것은 비록 그것이 부처라 해도 나와는 상관 없는 것이니, 내 밖의 부처에 매달려 헤매지 말고 자기의 본래면목을 세워 바르게 살라는 것입니다.

부처가 나타나도 그런데 하물며 다른 어떠한 신통 변화에 매달리겠느냐는 것이지요. 오직 자기 발견하는 것인데 자기를 발견하기 이전에는 다른 어떠한 아름다운 경계가 나타난다 해도 그것은 바른 수행, 깨달음이 아닙니다. 이러한 확신을 갖고 공부해야 합니다. 그렇지 않으면 공부하다가 식심이 일어나서 뭐가 보인다고 예언을 하게 되고, 사람들이 저 사람은 공부가 되었다고 착각해 호기심을 갖게 되기도 합니다.

공부를 하다가 어떠한 광명이 나타나도 그것을 좇는 것이 바른 길이 아니라는 것을 알아야 합니다. 그럴 때일수록 더 공부해서 식심을 가라앉혀야지 거기에 매달리고 호기심을 가지면 그동안 쌓은 공부도 모두 끊기게 됩니다. 이것을 바로 알아 꾸준히 화두 참선해야 합니다.

밝은 생각이 뒤통수도 본다

사실 참선이란 목적이 아니라 생활이어야 합니다. 그러니까 생활을 하자는 게 참선이지 생활을 여의고 나면 참선이고 불법이고 그 가르침을 어디에 써먹겠습니까.

우리 생활에 답답함이 있으니 그 답답함으로부터 빠져나오도록 하는 것이 종교의 근본 아니겠습니까. 한가하고 마음 편한 사람이 공부하는 것이 아니라 답답하고 급한 사람이 하는 것이 공부입니다.

중생살이라는 것이 물에 빠져 허우적거리는 것과 마찬가지입니다. 그 물에서 기어 나오는 방법, 그것이 참선입니다. 따라서 생활을 여의고는 참선이 아닙니다.

첫술에 대번 배부르지 않듯이 참선 역시 금방 되지 않습니다. 하지만 자꾸 노력하다 보면 서서히 그 길에 들어서게 되지요. 처음엔 옆에서 누가 화를 돋우면 종전에 하던 습대로 화가 나서 거기에 끌려가기 십상입니다. 그러나 공부하자고 마음먹으면 조금만 마음을 가라앉혀도 아차 내가 이래서는 안 되겠다고 반성하게 됩니다. 그렇게 해서 화두를 할 때, 믿고 의지하는 스승이 "뜰 앞의 잣나무가 부처다."라고 한마디 지르면 의심이 목에 탁 막히게 됩니다.

사실 불법을 처음 접한 사람들은 참선의 세계에 금방 들어가지지 않습니다. 나에게는 뜰 앞의 잣나무가 잣나무로밖에 보이지 않는데 그 잣나무를 부처라 하니, 스승이 거짓말을 할 리는 없고 뜰 앞의 잣나무가 부처는 부처일 테니 의심이 없으려야 없을 수 없지요.

그런데 이런 큰 의심에 부딪쳐도 대개는 주변 경계에 꺼들려 그 의심을 놓치기가 쉽습니다. 그러니까 울리면 울고 웃기면 웃으면서 그만 그 의심을 놓쳐버리게 됩니다. 그렇게 자꾸 다시 붙잡았다가도 또 놓쳐버립니다. 물론 깊이 몰두해 왔던 끝이라 곧 '아! 내가 놓쳤구나.' 하고 깨닫기는 합니다.

생활에서 참선이 된다는 것이 쉽지는 않습니다. 그런데 이렇게 안 되는 것이 쌓여서 되는 것이지, 안 되는 것 없이 되는 것이 아닙니다.

자전거를 배울 때도 어떻습니까. 단번에 잘 타는 사람은 없습니다. 처음에는 자꾸 넘어집니다. 무릎도 깨고 핸들도 부러뜨리고 잘 안 됩니다. 이렇게 안 된다고 해서 중간에 집어던지고 포기하면 그 사람은 영원히 자전거를 못 타겠지요.

그러나 그 안 되는 과정을 자꾸 반복해서 노력하다 보면 나중에는 결국 잘 탈 수 있게 됩니다. 이렇게 안 되는 과정 과정이 자꾸 쌓여 결국에는 되는 것이니 사실 안 되는 것이 바로 되는 것이지요.

참선 수행도 그렇습니다. 처음에는 항상 근본에 집중한다 해도 하루 24시간은커녕 몇 분도 제대로 안 되는 것이 당연합니다. 그렇게 아무리 애를 써도 잘 안 되던 것이 하루 이틀 하면 좀 달라집니다. 사흘 하면 좀 다르고 나흘 하면 다르고 자꾸 할수록 달라지지요. 그렇게 꾸준히 노력해 어느 정도 안 되는 것이 쌓이면 저절로 그 생각을 놓으려야 놓을 수 없는 단계에 이르게 됩니다.

언젠가 한 운전기사가 "운전하는 사람은 잠시라도 생각을 놓으면 사고를 내게 되는데 우리 같은 사람도 참선을 할 수 있겠습니까?"하고 묻더군요. 그래서 "아, 그렇다면 운전기사일수록 더욱 참선을 해야 됩니다."하고 대답했지요.

참선을 하면 육체가 다 눈이 됩니다. 참선을 안 하면 밖에 나와 일하면서도 집안 걱정이나 친구 생각 등이 죽 끓듯 일어나지만 참선을 하면 흩어진 생각이 하나로 집중되어 동서남북이 다 마음의 눈에 비치므로 사고가 일어나려야 일어날 수가 없습니다. 후에 그분이 참선 공부를 해 그런 경지를 경험하고는 정말 사고도 없이 생활에 힘이 생긴다고 하더군요.

이렇게 참선은 별스러운 게 아닙니다. 생각을 집중하면 마음이 밝아지고 정신이 맑아져 매사에 판단도 정확해지는 것이 참선의 이치입니다.

세상 어떠한 물건도 한 자리에 포개놓을 수 없습니다. 한쪽으로 밀어붙여 놓고 자리를 비워야 그 자리에 놓을 수 있습니다. 그런 이치로 화두를 점령해 놓으면 어디에든 망상이 침투하지 못하는 것입니다. 이것이 마음의 광명이지요. 참선이 익숙해지면 생각이 화두 하나로 집결하므로 마음이 밝고 늘 한가합니다.

그런데 오늘날의 문화는 온갖 꺼들림이 낳은 다多에만 집중하여 본래 모습인 하나一를 돌아보지 못합니다. 그 수많은 다를 좇다 보니 신경이 항상 복잡하고 괴롭지요. 그러나 하나로 집중해 버리면 그것이 본래 다가 아닌 하나인 논리를 알기 때문에 세상 어떠한 복잡함을 대해도 마음은 항상 한가해서 하나를 잃어버리지 않습니다. 그런데도 모두들 다로만 흘러가 버리고 하나를 잃어버려 항상 투쟁이 일어나고 갈팡질팡하는 것입니다.

거울이 물건을 비출 때 이리저리 생각해서 비추는 게 아닙니다. 붉은 것은 붉게 검은 것은 검게 금방 그대로 비추듯이 참선 공부가 되어 마음에 때가 없으면 언제 어디서 무슨 일을 하는지 흐린 생각이 없습니다. 그래서 '밝은 생각이 뒤통수도 본다.'는 말이 있습니다. 이것이 참선이지요. 이렇게 되면 눈으로 대하는 경계는 천차만별이나 마음은 하나로 통하니, 그야말로 목대천차目對千差나 심한일경心閒一境이지요.

참선은 우리 실생활에 이익이 되는 것이지 현실을 여의는 것이 아닙니다. 화두 하나로 마음이 한가해지고 여유가 생겨서 어떠한 경계든지 말려들지 않고 침착한 마음으로 대결할 수 있는 지혜가 생깁니다. 이렇게 참선의 이치는 생활의 순간순간이 밝고 시원하게 진행되는 데 있습니다. 이 이치를 알아 우리의 생활이 그대로 참선이 되도록 합시다.

선과 계·정·혜

선이란 특별한 것이 아니라 살아가는 인생 문제에 잠시도 여읠 수 없는 것입니다. 선은 평이하고 간단한 진리인데도 사람들이 어려운 것이라는 거리감을 갖게 된 것은 선의 원리를 널리 알리지 못했기 때문입니다.

우리가 중생의 몸을 갖고 세상을 살아가는 데에는 무엇보다도 건강이 중요합니다. 밥을 먹고 목욕을 하고 운동을 하는 것은 살기 위해 육체를 건강하게 유지하는 기본 행동입니다. 육체에 이상이 생기면 의사를 찾아 치료받고 약을 먹는 등 건강을 회복하고자 노력합니다. 그렇게 육체의 병을 고치는 의사는 아무나 될 수가 없습니다. 간단한 병이 생겨도 그 분야에 전문가라야 건강을 바로잡아 줄 수 있습니다.

이렇듯 육체적 건강을 위해 의사의 치료가 필요하듯 정신적 건강을 위한 치료책이 바로 선입니다. 선 수행은 정신세계를 담당하여 정화합니다. 물론 삶에 있어 육체와 정신을 구분지어 생각할 수는 없지만, 개괄해서 생각해 보자면 그렇다는 것이지요.

육신의 치료와 마찬가지로 정신세계의 치료도 그 분야를 전공하고 연구하지 않고서는 다른 사람을 지도해 줄 수 없습니다. 그런 의미에서 육체를 건강하게 유지 관리하도록 도와주는 전문인이 의사라면, 승려나 성직자는 정신세계의 의사 역할을 하는 사람입니다.

정신세계의 지도자가 된다는 것은 간단한 일이 아닙니다. 의사가 의학을 전공해야 하듯이 정신세계의 지도자는 팔만사천 온갖 규율을 지켜야 하는 등 복잡한 조건이 따릅니다. 이렇게 수십 년 전공하지 않고서는 올바른 지도자가 될 수 없습니다.

하지만 그렇다고 선이 아무나 할 수 없는 어려운 일이냐 하면 그렇지는 않습니다. 누구나 간단하게 일상생활에서 실행할 수 있는 것이 또한 선입니다.

이미 선 수행 경험이 많아 그 맛을 느끼는 사람도 있겠고, 아직 선이 무엇인지도 모르는 채 호기심에서 알고자 하는 사람도 많을 것입니다. 그러나 지금까지 선을 알았다고 해서 선을 잘하는 것이 아니며, 선을 몰랐다고 선을 행하지 않았던 것은 아닙니다. 왜냐하면 선이란 특별히 따로 있는 것이 아니라 웃고 우는 생활 태도를 말하기 때문입니다.

선 생활이 제대로 되지 않으면 항상 방황하고 초조하고 불안합니다. 인생의 근본을 모르니 자꾸 암담한 생활로 자신을 이어가기 때문이지요. 이런 세계를 한마디로 중생계라고 하는데, 중생계에 꺼들려 살 때에는 갈등과 암담함 속에서 헤맬 수밖에 없습니다.

인간은 이 세상에 올 때에도 근본을 모르고 왔고, 살면서 겪는 숱한 희로애락이 어떻게 일어나고 사라지는지도 모르고 삽니다.

인간관계는 어떻게 형성되는지, 인간이 산다는 것이 무엇을 의미하는지도 모르는 채 모호한 삶을 살아갑니다.

그러나 이렇듯 흘러가는 중생계에 살더라도 사는 이치를 분명히 알고, 오고 가는 거래를 분명히 알 때 우리는 자신만만하고 만족한 삶을 살아갈 수 있습니다. 이것이 선을 아는 삶과 모르는 삶의 차이지요. 그러니 따로 어디 특별한 것에서 선의 세계를 찾을 게 아니라 일상생활의 일거수일투족 모든 대인 관계에서 선을 찾아야 합니다.

인간은 누구나 건강하게 살고 싶어 합니다. 비록 현재 병들어 있어도 건강 회복과 유지를 위해 활동하고 관리합니다. 마찬가지로 인간은 누구나 인생의 근본 문제를 해결하고자 하는 욕구가 있습니다. 그렇게 근본 문제를 해결하고자 살아가는 그것을 이름하여 선이라 합니다.

한마디로 쉽게 말하면 선이란 터를 닦는 것입니다. 건물을 지을 때 터가 잘 닦여야 그 위에 튼튼한 건물을 세울 수 있지요. 터를 잘못 닦으면 건물이 위험해지듯 우리도 생활을 제대로 꾸려가기 위해서는 터를 잘 닦아야 합니다. 완전한 자기 터가 성립되어야 울기도 하고 웃기도 하고 온갖 것을 마음대로 구상하는 데 장애가

竹影掃階塵不起
月穿潭底水無痕

無為精舍 西庵

없습니다. 이러한 선의 원리를 모르면 찰나 찰나에 온갖 생각이 계속 흐르게 됩니다. 몸은 여기 있으나 마음이 안정되지 않아 생각이 자꾸 흐릅니다. 얼마나 세밀하게 흘러가는지, 일 찰나에 구백 번까지 흐른다고 하지요.

아침 햇살이 창을 통해 방으로 쏟아질 때 먼지가 바글바글 끓는 것을 볼 수 있습니다. 그 먼지는 어둠 속에 가려져 있던 먼지가 밝은 빛 때문에 보이는 것이지 태양 광선이 먼지를 끌고 오는 것이 아닙니다. 그와 마찬가지입니다.

우리가 우리의 생각이 수없이 흐른다는 것을 평소에 알 수 없는 것은 어둠 속에서는 수많은 먼지를 볼 수 없는 것과 같은 이치입니다. 우리에게는 이렇게 복잡한 생각이 끊임없이 일어나지만 보통 영리하지 않고는 일 초 일 찰나에 몇 번씩 일어났다 사라지는 생각을 느끼기 어렵습니다. 둔한 사람은 더욱 더 혼몽 천지겠지요.

잠을 잘 때에도 생각은 계속 흐릅니다. 그래서 생각이 많고 영리할수록 대체로 꿈을 많이 꾼다고 하지요. 혹 자기는 꿈을 꾸지 않는다고 말하는 사람이 있는데 꿈을 꾸지 않는 것에도 두 가지 경우가 있습니다. 공부가 많이 되어 염기 염멸하여 꿈을 안 꾸는 경우가 있고, 생각이 탁하고 흐리멍덩해서 꿈을 안 꾸는 경우가 있습니다. 어쨌든 대체로 꿈을 많이 꾼다는 것은 남보다 생각을 많이 하는 경우입니다. 그런데 너무 지나치게 생각이 많은데 그것이 해결이 안 되면 신경쇠약에 걸리고 노이로제니 뭐니 하는 온갖 정신적 장애가 생기는 것입니다.

생활 속에서 늘 깊이 생각하되, 그러한 모든 복잡한 생각들을 안정되게 정리하는 것이 선입니다. 그리고 그것을 정돈하는 원리가 계戒입니다. 계란 한마디로 절제 생활을 뜻합니다. 어지러운 망상으로 노심초사하는 생활을 하거나 탁한 음식을 많이 먹거나 술을 많이 마시거나 마취제를 과하게 쓰면 정신은 더욱 어지러워지고 힘들어집니다. 그래서 불교에서는 일상생활에서 절제해야 할 것을 계행으로 정해놓았습니다.

따라서 계는 그 계를 지키는 자체에 의의가 있는 게 아니라 정신을 안정되게 하고 가다듬는 데 의의가 있는 것이지요. 그렇게 계행을 지키려는 의지로써 어지러운 생각이 정돈됩니다. 이것이 정定입니다.

그리고 생각이 복잡할 때에는 밝은 지혜가 비치지 못하지만 생각이 정돈되면 우리의 본래 지혜(慧)가 나타납니다. 마치 명경지수明鏡止水와 같이, 파도 없이 잔잔하고 맑은 물일 때 그곳에 모든 그림자가 소소영영하게 비치듯, 모든 상념이 가라앉을 때 참다운 지혜가 비치게 됩니다.

우리 인간은 탐진치 삼독에 꺼들려 살기 때문에 제대로 산다는 게 거의 불가능합니다. 그러므로 계가 필요하고, 그런 계에서 정이 생기고, 정에서 혜가 생기니, 이 계정혜 삼학을 한마디로 선이라 하겠습니다.

그러면 어떻게 해야 탐진치 삼독이 들끓는 중생의 일상생활 속에서 태연자약하게 내 인생의 터를 닦아 나갈 수 있을까요? 여기에 중요한 문제가 있습니다. '참으로 산다.'는 의의를 알려면 이런 문제를 생각하지 않을 수 없습니다.

　선 수행이 자리가 잡히면, 다시 말해서 정혜가 정립되면 일상생활에서 누가 아무리 충격을 주어도 여산부동如山不動으로 움직이지 않게 됩니다. 이렇게 내 마음에 흔들림이 없을 때 비로소 모든 것을 이성으로 처리하는 능력이 생깁니다. 이렇게 흔들리지 않고 내 인생을 살아갈 수 있는 마음 정립이 곧 선입니다.

　선의 원리를 모르면 누가 내 감정을 건드리면 이성을 잃고 화를 냅니다. 또 칭찬을 하면 좋아서 정신이 팔려 붕 떠서 살아갑니다. 그러니 자기 인생을 자기가 사는 게 아니라 주위 환경에 좌지우지되어 살아가게 됩니다. 파도에 휩쓸리듯 떠내려가고 맙니다. 이것이 우리가 사는 중생계입니다.

　일상생활에 선이 필요한 절실함이 여기에 있습니다. 중생계에 살지 않아 그런 흔들림이 없다면 참선을 할 까닭이 없습니다. 일상생활을 하면서 자기 본래면목을 갖춰 살리려면 평소에 마음 준비가 있어야 합니다. 그래서 잠자리에 눕든 일어나 활동하든 밥을 먹든 시간만 있으면 정혜쌍수定慧雙修하는 법을 익혀야 합니다. 이 방법을 익혀서 어떤 파도에도 휩쓸리지 않는 수행을 하면 탐진치 삼독 속에 있어도 흔들리지 않는 인생을 살아갈 수 있습니다.

일상생활에서 선이 아니고는 참나를 찾기가 어렵습니다. 물론 참나를 찾는 길에는 관법도 있고 주력도 있고 그렇게 팔만사천법이 있는데 대개는 복잡한 과정이 필요합니다. 그러나 선은 직지인심 견성성불直指人心 見性成佛로 누구나 쉽게 할 수 있으니 참나를 찾는 방법으로 선보다 더 기특한 법은 없습니다.

선 수행은 꼬집으면 아픈 줄 알고 부르면 대답할 줄 아는 우리 인생 그대로 언제 어디서나 시작할 수 있습니다. 지식의 유무나 다른 차별도 없습니다. 따로 장소가 필요한 것도 아닙니다. 선은 이심전심이라, 거울과 거울을 맞대는 것같이 마음과 마음을 비추면서 간단하고 편리하게 할 수 있는 수행입니다.

다시 말하지만 불교는 아주 쉽습니다. 빛도 냄새도 형태도 없는 이 마음을 어느 방향으로 기울이느냐 따라 우리 인생이 180도 달라질 수 있다는 것을 가르쳐주는 것입니다. 무슨 밑천이 드는 것도 아니고 기교가 필요한 것도 아닙니다. 한 생각만 돌이키면 됩니다.

생각이 일어나는 근거가 어디에 있습니까? 뿌리가 없지요. 우리가 기쁜 생각을 내든지 슬픈 생각을 내든지 미워하는 생각을 내든지 사랑하는 생각을 내든지 시기 질투하는 생각을 내든지, 온갖 생각을 내는 그 자리를 조금만 돌이켜 보면 사실 뿌리가 없습니다.

응무소주 이생기심應無所住 而生其心이라, 뿌리를 박고 생각이 일어나는 것이 아닙니다. 화를 몹시 낼 때에도 돌이켜 보면 화를 낸 뿌리가 없습니다. 그 없는 것에 우리 스스로가 속은 것이지요. 이렇듯 뿌리 없는 생각으로 온갖 사건을 만드는 것이 중생입니다. 그러나 뿌리 없는 본래 그 자리로 돌아가면 항상 평온하고 너그럽습니다.

사실 탐심貪心도 우리 마음이요. 진심嗔心도 우리 마음이요. 치심癡心도 우리 마음입니다. 모두가 다 우리 마음입니다. 탐진치를 떠나 마음이 따로 있는 게 아니라 이 마음이 곧 부처입니다. 그러니 부처 되는 마음이 따로 있는 게 아니라는 말입니다.

예를 들어 얼음이나 안개나 우박이나 눈이나 다 물이지 물 아닌 것이 없습니다. 또 금가락지나 금비녀나 다 금입니다. 마찬가지로 우리 마음도 악한 마음이나 선한 마음이나 다 부처 마음입니다. 얼음이나 눈이 다 물이듯이 금가락지나 금비녀가 다 금이듯이 우리 마음이 부처입니다.

그러나 우리는 금을 제대로 몰라 가락지라는 형상에 정신 팔리고 비녀라는 형상에 정신 팔려서 본래의 원리를 알지 못합니다. 이렇게 우리 마음의 근본을 잃어버렸기 때문에 진심에 매달리고 탐심에 매달려 껍데기 마음만 볼 뿐 변함없는 부처 자리를 보지 못하지요.

그러나 진실로 탐심 떼어놓고 치심 떼어놓고 진심 떼어놓고 부처 되는 마음이 따로 있는 게 아닙니다. 탐심을 바로 세우면 부처요, 탐심에 끌려가면 중생입니다. '한 생각 깨달으면 중생이 바로 부처요, 한 생각 미혹하면 부처가 바로 중생'이라 했습니다.

그러니 부처 세계 따로 있고 중생 세계 따로 있는 것이 아니지요. 부처 세계, 중생 세계에 한 치의 거리도 없습니다. 바로 그 자리에서 한 생각 돌리기만 하면 됩니다. 손바닥 엎고 젖히듯이 한 생각 돌리는 데서 중생과 부처의 차별이 생깁니다. 이렇게 어느 마음이나 다 부처인 것을 우리는 왜 부처 마음을 쓰지 못하고 중생 마음을 쓰고 있는가 깊이 반성해야 합니다.

불교는 신앙의 종교가 아니라 깨달음의 종교입니다. 불교라는 의미가 대각大覺, 크게 꿈 깨라는 뜻입니다. 꿈만 해도 좋은 꿈, 언짢은 꿈, 온갖 꿈을 다 꿉니다. ≪삼국유사三國遺事≫에 나오는 조신調信은 경쇠 소리 땡 할 때 잠이 들어 아들딸 삼 남매 낳고 머리가 하얗게 세도록 한평생을 살았는데, 꿈을 깨고 보니 경쇠 소리의 여운이 아직도 남아 있었습니다. 이렇게 잠깐 동안에 몇 해씩 사는 꿈을 꾸기도 합니다. 꿈을 안 꿔본 사람이 없을 테니 다 경험이 있을 겁니다.

그러나 정진을 맹렬히 하면 꿈이 없어집니다. 정진을 하면 깨어 있거나 꿈꿀 때가 둘이 아닙니다. 정진을 하지 않을 때 꿈의 경계를 따라가 보면 그 경계가 막힙니다. 그래서 꿈의 경계를 살펴보면 수행 정도를 짐작할 수 있습니다. 맑은 꿈이나 좋은 꿈을 꾸면 정신이 맑은 상태이고 혼미하게 끌리는 꿈을 꾼다면 그만큼 정신이 맑지 못하다는 증거지요.

하지만 좋은 꿈이든 언짢은 꿈이든 어찌됐든 꿈은 한바탕 꿈일 뿐입니다. 다 거짓이요 허깨비입니다. 꿈에 일확천금을 하든 고관대작이 되든 깨고 나면 다 사라지고 없습니다. 꿈을 꿀 때에는 감투 쓰고 돈 많으면 우쭐대고 기분이 좋습니다만 깨고 보면 그냥 한바탕 꿈입니다.

그렇듯 온갖 꿈의 경계는 사라지지만 꿈을 꾼 주인공은 꿈꿀 때나 꿈을 깨고 난 지금이나 내내 조금도 안 변했어요. 그것이 하룻밤 꿈이든 몇 년이든 마찬가지입니다. 이렇게 백 년 인생을 살아도 그 백 년이 다 꿈입니다.

이렇게 매일 꿈이 바뀌듯 내 몸이 바뀔 때마다 다른 세계가 펼쳐지지만 그래도 그 주인공은 불생불멸로 항상 따라다닙니다. 이 주인공을 깨닫지 못하면 영원히 희미한 것이고, 한 생각 깨달으면 영원히 깨달은 세계에 있는 것이니 생사에 거래가 없는 그것을 찾자는 것이 참선이지요. 그것은 어려운 것도 아니고 한 생각 돌이키면 되는 것입니다.

수억만 년을 매여 있었더라도 한 찰나 한 생각 돌이키면 부처가 됩니다. 부처라는 것이 머리 하나 더 있고 눈 하나 더 달린 그런 신통 변화를 부리는 것이 아닙니다. 모든 경계의 그물을 끊고 해탈 자재해서 조금도 구애받지 않는 그 생활이 부처이지, 무슨 신통 변화를 부린다고 부처가 아닙니다. 또 신통 변화를 부려봤자 며칠이나 가겠습니까. 내 문제를 해결하지 못하면 천하를 얻어 봐야 아무 소용이 없고 온갖 신통력을 얻어 봐야 아무 소용이 없습니다.

불교의 위대한 점이 바로 여기에 있습니다. 다른 종교에서는 신통만 있으면 그것을 과시하고, 또 사람들도 신통만 보면 거기에 따라가지만 불교는 그런 문제에 끌려가지 않습니다. 오직 내 인생을 해결하고자 하는 종교입니다. 이렇게 어떤 것에도 사로잡히지 않고 생사에 끌리지 않고 오매일여寤寐一如한 나를 보고자 하는 것이 바로 불교입니다.

하루 벌어 하루 사는 것이 정진이다

옛날에 청담靑潭 스님이 도선사에 계실 때 다 죽어가는 사람이 와도 절을 삼천 배 시켰습니다. 성한 사람도 삼천 배를 하기 힘든데 다 죽게 되어 기어온 사람에게도 삼천 배를 하라 그러셨지요.

어느 날 의사들도 어떻게 해볼 수 없는 중병에 걸린 한 보살이 어차피 죽을 바에야 선지식에게 말 한마디라도 듣고 죽겠다며 엉금엉금 기다시피 해서 도선사에 왔습니다. 그런데 청담 스님이 그 보살에게 "삼천 배를 해라. 그러면 병이 낫는다."고 하셨지요.

보살은 청담 스님의 말씀을 조금도 의심 없이 듣고 삼천 배를 하기로 마음먹었습니다. 곁에서 보는 사람들이 "걷는 것도 힘들어 겨우겨우 기어서 올라온 사람이 어떻게 삼천 배를 하냐."고 말렸지만, 이 보살은 청담 스님 말씀이 틀림이 없다고 믿은 것이지요. 그런데 막상 절을 시작해 보니 하면 할수록 기운이 나는 것이었습니다. 자꾸 할수록 기운이 더 나더니 며칠 안 가서 병이 나아서 걸어서 집으로 돌아갔습니다.

이게 무슨 힘이겠습니까. 이것은 중생이 따져서 아는 세계가 아닙니다. 이것은 불보살의 미묘한 가피력입니다. 무슨 말을 하고 싶어 이런 말을 하느냐 하면, 부처님의 미묘 난사難思한 법은 우리 중생의 소견으로는 이해가 안 된다는 것입니다.

중생이 많이 아는 것 같지만 그 아는 것이 사실은 몇 푼어치 안 되지요. 아무리 뛰어나고 훌륭한 인물이라 해도 알고 보면 다 깜깜한 사람입니다. 어머니 뱃속에 열 달 동안 들어 있었지만 누구도 그때의 일을 모릅니다. 모태 안에 있었던 자기의 일도 모르는데 어떻게 근본을 알겠습니까. 또 누구도 죽을 때 자기가 어디로 가는지 모릅니다. 이렇게 오는 것도 모르고 가는 것도 모릅니다. 자기를 모르는 그게 중생입니다.

그러니 사는 것이 깜깜하지요. 욕심 부리고 싸우고 원수가 되고 세상 사람들이 다 그렇게 삽니다. 그래서 사바세계라 그러지요. 하지만 부처님 법을 알면 몸이 천 번 만 번 바뀌어 나도 생명은 불생불멸입니다. 억만 겁을 가도 자기 빛이 변하지 않습니다.

옛날에 고려장이라 해서 나이 칠십이 되면 구덩이 속에다 버렸습니다. 그런데 그렇게 고려장을 당하면 그 사람에게 욕망이고 희망이 있겠습니까. 그런 곳에서 먹을 것이 좀 있다 해서 무슨 희망이 되겠습니까. 그러니 그런 곳에서는 자기 문제 하나밖에 안 남는 거지요.

친한 이도 없고 원수도 없고 아들딸이니 사랑하는 사람이니 미워하는 사람이니 다 털어버리고 오직 나 하나밖에 없으니 '이 뭣고'가 절로 됩니다. 이게 뭐냐? 나라는 인생이 이게 뭐냐? 의심이 딱 될 것 아니겠습니까. 그야말로 모든 시비가 떨어지고 내 문제 하나만 오롯이 남는 거지요. 그게 바로 화두입니다.

이게 뭐냐? 나라는 존재가 뭐냐? 다른 것은 아무 가치가 없고 오직 내 문제 하나만 오롯이 남는 그게 화두지요. 사람은 오늘 저녁에 죽으면서도 자기가 죽는 것을 모릅니다. 모르니 천 년 만 년 살 준비를 하지요. 그러니 공부를 제대로 할 수가 없습니다. 고려장처럼 모든 게 다 떨어져 버리면 내 문제인 '이 뭣고' 하나밖에 남지 않아 견성 오도를 하지 않으려야 안 할 수가 없게 되지요.

옛날 중국에 방(龐) 거사라고 아주 잘사는 부자가 있었습니다. 그 사람이 하루는 스님의 법문을 듣고 와서는 집안 재산을 다 버리고 하루 벌어서 하루 살면서 공부하자고 발심했습니다. 방 거사의 식구들도 그 말에 동의해 집안 보물을 전부 다 동정호라는 큰 못에 버렸습니다. 그러자 그 일을 안 사람이 아까워하면서 말했습니다.

"아이고, 그 아까운 것을. 자네가 싫으면 남을 주면 되지, 그 귀한 것을 왜 다 갖다 버리느냐!"

그러자 방 거사가 말했습니다.

"아, 이 답답한 양반아. 내가 생각해도 좋은 것이면 남을 주지만 내가 싫어서 버리고 가는 마당에 그걸 누구를 주느냔 말이다."

사람들이 모두 보배다 해서 거기에 매달려 정신없이 살지만 실은 이것이 독약입니다. 그런 독약을 누구에게 주겠습니까. 그러니 못에다 집어넣은 것이지요. 그 뒤로 식구 모두 남의 집 머슴을 살면서 하루하루 일하면서 살아갔고 결국 식구가 다 견성 오도했지요. 하루 벌어 하루 사는 그것이 바로 정진이기 때문입니다.

그런데 오늘날 한국 불교는 신라나 고려 때만큼 건전한 불교라고 할 수 없습니다. 옛날에는 승려는 인천사人天師라 인간 세상의 스승일 뿐 아니라 천상 세계의 스승이라 할 만했지요.

본래 승려는 무소유라 자기 것이 없습니다. 모든 것이 다 부처님 재산이지 내 재산이라는 것은 꿈에도 없단 말입니다. 그래서 스님은 시주의 은혜를 갚기 위해 밤잠 안 자고 공부하고 인간의 욕락을 포기하고 뼈 빠지게 공부하는 것으로 부처님의 은혜를 갚았지요.

그렇게 스님은 무소유라, 내 소유는 하나도 없지만, 그렇기 때문에 천하에 내 것 아닌 게 없지요. 그러니 재산에 대해서는 조금도 거리낌이 없습니다. 그러한 힘이 있기에 이 미래세에도 불교문화가 세계로 번져 나갈 수 있는 겁니다.

불교가 바로 서야 모든 문화가 바로 섭니다. 불교문화가 병들면 모든 문화가 병들게 됩니다. 그러니 사부대중이 함께 마음공부를 해서 방방곡곡에 빛이 되어야 합니다.

원적, 자기의 근본 자리

지금 이 노승이 있는 이곳은 원적사圓寂寺입니다. 원적사는 신라 때 원효元曉 스님께서 창건하셨어요. 지금부터 한 1500년쯤 됐을 겁니다. 원적사가 있는 산이 청화산靑華山이므로 청화산 원적사라고 합니다.

원적이란 둥글 원圓 고요 적寂으로, 우리 생명의 근본 자체가 원적입니다. 우리의 육체는 백 년 남짓 살지만 육체를 받은 그 주인공은 원적이라는 말입니다. 뚜렷이 둥글고, 빛깔이나 모양 소리가 없이 조용한 근본 자리. 우리가 육체를 떠나 근본 자리를 돌이켜 보면 바로 원적입니다. 우리의 영원한 생명체, 생과 사를 초월하여 시간과 공간에 상관없이 영원히 있는 자기 본체 자리, 그게 바로 원적입니다.

원적사에는 오랜 역사를 거치면서 많은 이야기가 있습니다. 오래 전 여기에 석교石橋 스님이 계셨을 때에는 선지식으로 이름 높은 스님들, 예를 들면 하동산河東山 스님, 기미독립운동 33인 중 한 사람인 백용성白龍城 스님, 경허鏡虛 선사, 이런 분들이 석교 스님 밑에서 공부를 하고 그랬어요. 그렇게 항상 조용하니 참선을 하며 용맹 정진하는 절집이었지요. 그러니 신도들도 여기 들어올 생각은 안 하고, 스님들이 탁발해 그렇게 지냈습니다.

이 노장이 지금 나이가 90살 가까이 됐습니다만, 6·25 전쟁 때에는 군인 수천 명이 여기 와 있었고 낙동강에서 패전한 인민군이 이 산을 타고 태백산으로 지나갔어요. 그때 이 절집이 비어 있어서 내가 여기 왔으니 한 50년쯤 되었지요. 잠깐 봉암사를 왔다 갔다 했지만 그래도 여기가 있은 곳입니다. 그렇게 원적사는 신도들이 못 오고 그저 수행하는 스님들이 한 달 살 만큼 탁발해 놓고 앉아 정진했는데, 근래에 들어 집을 확장해 이 좋은 데를 사람들이 와서 정진도 하고 그럽니다.

우리가 이렇게 원적사에 남녀노소가 모인 것은 한 가지 인연, 부처님 인연으로 모인 것입니다. 그런데 부처님 세계에서 살고 부처님 정신으로 사는 우리에게 이교도나 불교를 전혀 모르는 사람이 "당신들의 불교는 무엇 하는 것이냐?"고 묻는다면, 어떻게 대답하시겠어요? 오늘은 거기에 대해서 얘기해 볼까 합니다.

불교는 한마디로 말해 자기 확인입니다. 세상 사람은 자기가 누구인지 모르고 살아요. 술 취한 사람마냥 어디에서 왔는지, 그저 누가 웃기면 웃고 부아 나게 하면 성내고 좋은 일 있으면 좋아하고 언짢은 일 있으면 짜증내고 마치 갈대가 바람에 흔들리듯 중심 없이 살고들 있지요.

감투 좋아하는 사람은 감투 쓰기 위해 매번 자기를 잊고 헤매고, 물질에 욕심내는 사람은 정신없이 욕심을 부려요. 옆에서 사람이 죽든지 말든지 나 혼자 잘살겠다고 발버둥 치는데 그 욕심 때문에 결국에는 오히려 못살게 되지요.

요새 IMF 체제라는 것도 정당하게 부처님 법대로 살면 우리 모두가 잘살 터인데 너나 나나 할 것 없이 욕심이 앞서서 일확천금을 얻으려고 노력도 안 하고 땀도 안 흘리려고 해서 그게 얽히고설켜 빚덩이가 된 거지요. 국제적으로 어마어마한 빚이지요. 우리가 부처 마음을 잃고 중생의 욕심덩어리로 살다 보니 그렇게 된 겁니다.

부처님 법은 욕심을 다 집어던져야 됩니다. 이 욕심만 버리면 지천에 먹을 게 생겨요. 그런데 욕심을 부리니까 천지신명이 독기를 부리는 듯이 점점 못살게 되는 거지요.

사람들이 세상살이를 거꾸로 알고 있어요. 이 부처님 법만 알면 잘사는 도리를 알게 됩니다. 원적, 고요하고 적적한 본래 마음을 알아놓으면 먹고사는 걱정 안 해도 저절로 다 먹고살게 되어 있습니다.

그런데 원적은 모양도 빛도 형체도 없어요. 형단 있는 육체는 많이 살아봐야 백 년, 그때 가면 이 몸은 없어지고 말아요. 이건 아무도 부인 못 합니다. 그게 우리 인생의 전부라면 얼마나 서글프겠어요.

하지만 여러분은 빛나는 원적 자리를 가지고 있습니다. 다만 그 힘을 발휘 못 하고 있을 뿐이지요. 원적의 힘을 찾아 쓰지 못하고 있다는 말인데, 그게 문제입니다.

불교에 부처 아닌 사람이 없다고 했어요. 그 원만한 자리를 똑같이 다 가지고 있다는 말입니다. 나고 죽는 생사 문제나 부처의 세계에 간다는 열반의 세계까지도 어젯밤 꿈과 같은 허무한 것입니다. 부처란 말도 중생이란 말 때문에 생긴 겁니다. 중생이 생긴 까닭에 부처란 말이 있는 거지요.

참다운 우리 생명의 근본 자리인 원적은 부처란 이름도 중생이란 이름도 없는 무시무종으로 우주 만유가 일어나기 전부터 있는 빛나는 자리입니다. 잠시도 자기를 잃지 않고 가나오나 앉으나 서나 슬플 때나 기쁠 때나 가지고 있는 겁니다. 본시 누가 훔쳐갈 수도 없고 누가 보탤 수도 없고 묶어갈 수도 없는 절대적인 자리, 그걸 뭐든 이름을 하나 붙여야 하니까 그 자리를 부처라 이름 붙인 것입니다.

그렇게 무궁무진해서 써도 한이 없고 지혜도 끝이 없는 그러한 보배 자리를 항상 가지고 있건만 밖으로 헤매고 부족해서 허우적거리는 게 우리 중생입니다. 우리 마음 한번 바로 찾으면 더 구할 게 없는데 말이지요. 구하지 않아도 자연히 구족한 게 부처님의 원적 자리거늘, 지금 여러분 모두 원적 자리에 있거늘, 그걸 발굴해 쓰지 못하는 허물이 있어요.

심불급중생心佛及衆生 시삼무차별是三無差別이라. 마음과 부처와 중생이 조금도 차이가 없다는 말입니다. 똑같이 갖추었지만 그걸 찾아 쓰지 못하는 게 중생이란 말입니다.

이래서 우리가 그걸 찾기 위해 명산대찰을 찾고 참선하고 법문 듣고 염불하는 겁니다. 부지런히 노력하고 깨쳐서 부처 자리를 찾아내는 것입니다. 여러분이 이 먼 원적사까지 오신 것도 그 자리 한번 찾자고 온 것일 겁니다.

또 이런 성지에 한번 오려고 할 때 집에서 며칠 전부터 마음을 가다듬어 절에 가겠다는 마음을 먹으면 그게 바로 기도지요. 기도가 따로 없어요. 그런 마음을 먹을 때, 한 발 한 발 땀 흘리고 걸어와 순수하게 부처님 세계에 간다는 그 마음, 그게 원적에 들어가는 길이요 원적을 찾아 들어가는 길입니다.

결론적으로 우리의 근본은 육체와 상관이 없습니다. 육체가 있든 없든 상관이 없는 자기, 일어나든 무너지든 상관없는 불생불멸하는 자기를 찾자는 겁니다. 이걸 찾아야 안심이 되거든요.

마음 한번 돌리면 불구덩이에서도 불이 피어오르지 못하게 하는, 그 누구도 어찌할 수 없는 그런 자기 부처가 다 있습니다. 그놈이 눈만 한번 뜨면 태평 근본입니다. 이 몸뚱이 무너져도 그만입니다. 그런 자기를 발견하는 노력을 하십시오.

제3장

시간과 공간이 없는 그 하나

바닷물은 한 번 찍어 먹어보고도 짠 줄 아는데

불교 수행이란 눈앞의 나를 정시하는 것입니다. 그래서 어지러운 데, 혼혼한 데, 양변에 기울지 않게 중심을 응시해 놓치지 않는 것이 정진이요 공부요 참선입니다.

제가 주장자를 세웠습니다. 여러분은 분명히 이 주장자를 보셨지요. 제가 주장자를 내리칩니다. 딱! 여러분은 분명히 소리를 들었습니다. 이렇게 분명한 것입니다. 산산수수山山水水 두두물물頭頭物物입니다. 산은 산이요 물은 물이요, 두두물물이 그대로 부처님의 현현입니다. 그런데 거기다 무슨 색깔을 칠하고 자기 상념을 보태서 보느냐 말입니다.

'중생아, 정신 차려라', 선문에서 방할棒喝을 하고 정신을 깨우치는 가풍이 눈앞의 자기를 보게 하기 위한 수단입니다. 꼬집으면 아픈 줄 알고 부르면 대답할 줄 아는 주인공은 누구에게나 다 똑같이 있습니다.

내가 그를 획득하면 천하 중생의 마음과 똑같아요. 조금도 다르지 않아요. 내 인생을 깨치면 일체중생의 인생을 깨칩니다. 그래서 일심一心이 청정하면 다심多心이 청정합니다. 내가 깨치면 일체중생과 동시에 지옥이 사라져버립니다.

아약향지옥 지옥자고갈我若向地獄 地獄自枯渴 내가 지옥에 가면 지옥이 스스로 고갈되어 없어지고, 아약향화탕 화탕자소멸我若向火湯 火湯自消滅 내가 화탕 지옥에 가면 화탕 지옥 무너지고, 아약향축생 자득대지혜我若向畜生 自得大智慧 내가 탁한 축생 앞에 가면 축생들이 모두 지혜를 발하고, 아약향아귀 아귀자포만我若向餓鬼 餓鬼自飽滿 내가 아귀 귀신 앞에 가면 아귀가 포만해져 헐떡대지 않습니다.

이게 무슨 소리냐. 이 글귀 하나만 알면 전체를 알아버립니다.

그러니 괜히 많이 배우고 많이 익히고 허둥대지 말라는 것입니다. 바로 눈앞의 한 생각은 빛나는 광명입니다. 천하의 그림자를 다 녹이고 천하의 이치를 송두리째 집어삼킬 수 있는 빛나는 자기, 그것이 비치는 곳에는 세상의 삿된 그림자는 다 녹아 빠집니다.

깜깜한 깊은 밤에 등불을 켜는 것과 한 가지입니다. 미련한 사람은 어둠을 쓸어내려고 고함을 지르고 빗자루로 쓸고 갖은 짓거리를 다 하지만 어둠은 물러가지 않습니다. 등불만 켜면 물러가지 말라고 해도 물러갈 것 아닙니까. 우리가 수없이 광겁다생에 쌓은 탐진치 삼독의 그림자는 바로 눈앞에 있는 이 마음의 등불만 켜면 다 녹아 빠집니다.

참선하고 공부해 마음이 밝은 사람은 지옥 천당 어디를 간들 지옥이 녹아나고 삼계가 무너져버립니다. 내 마음의 빛이 약할 때 어둠의 그림자는 치성하고 어둠의 그림자가 성할 때는 마음의 빛이 그 자리를 점령당해서 방황합니다. 그러니 항상 눈앞의 일념, 한 생각을 똑바로 보라 이겁니다.

지나간 세상은 흘러간 송장이요, 앞으로 올 세상은 지금과 상관없는 미래지사예요. 우리가 살아 있다면 다만 눈앞의 일념, 한 생각뿐입니다. 분명히 빛나는 그 한 생각이 내 전체이며, 불생불멸하는 우주 전체를 꿰뚫어보는 그 자리가 바로 부처입니다.

그 자리를 이루면 부처가 무슨 상관이냐, 부처는 네 부처지 내 부처가 아니다, 나는 내 하나가 절대적인 자리입니다. 석가모니는 다만 그러한 자리를 깨우쳐준 것뿐입니다.

직장 생활을 하고 돈 벌고 하는 것들은 다 무엇을 의미합니까. 다 살려고 하는 것이지요. 그러면 이 세상 산다는 뜻이 과연 어디 있겠는가. 고깃덩어리가 백 년 동안 꿈틀거리다 가는 그게 과연 참삶이냐 말입니다. 그대로는 백 년 사나 이백 년 사나 깨진 독에 물 붓기입니다. 하루를 살더라도 한 찰나라도 사는 이치를 알 때 영원히 사는 빛나는 인생을 맛볼 수 있습니다.

이러한 부처님 법은 만고에 어느 시대나 빛나는 진리이지 무슨 신통 변화나 기적을 가르치려는 게 아닙니다. 바로 우리가 손들고 내리고 밥 먹고 옷 입고 하는 게 신통이지 허공을 날고 천하 이치를 미리 예언하는 게 신통이 아닙니다.

설령 그런 신통력이 있다고 해서 그걸 어디다 쓰겠느냐 이겁니다. 그것은 중생의 업력으로서 회구하는 세계이지 모든 문제에 거리낌 없는 자기를 알 때 무슨 신통 변화가 필요하겠습니까. 부처님은 이러한 진리를 가르치신 것입니다.

옛날 구지俱胝 선사는 누가 불법을 물으면 항상 손가락을 하나 들었습니다. 이 손가락 하나 들고 이치를 알면 전체를 다 알아버립니다. 이 하나가 우주 전체다 그겁니다. 평생을 써도 손가락 하나는 그대로 남아 있습니다.

우리는 별스런 문제는 많이 알고 많이 외우고 하는데 이것은 다 헤매는 것입니다. 흔히 나는 무슨 경을 외운다, 무슨 공부를 한다 하고 자랑하지만 그건 오히려 자기의 둔함을 자랑하는 것입니다. 영리한 사람은 그렇게 너절하게 많이 알려고 하지 않아요. 바닷물은 한 번만 찍어 먹어보고도 짠 줄 아는데, 배 타고 동해에 가서 찍어 먹어보고 서해에 가서 찍어 먹어보고 또 남해로 북해로 세계 바다를 몇 해 걸려 다 찍어 먹어보고 짜다고 하는 사람은 그야말로 둔한 사람이지요.

부처님의 가르침이 팔만사천법문이라 하는 것은 한이 없다는 것입니다. 그럼 한없는 경전이 왜 생기느냐. 중생의 병이 한없이 많으니 그것을 치료하기 위해 부득이 횡설수설 말한 것뿐입니다.

부처님은 한마디도 말한 바가 없다고 하셨습니다. ≪금강경金剛經≫에도 보면 부처님이 만약 법을 설했다고 하면 부처를 비방하는 소리라 했습니다. 이것은 '너희가 병이 나니 부득이 수수께끼를 풀어주기 위해 내가 설한 것이지 만일 너희가 망상 집착에 팔만사천 가지 헛것에 매달리지 않는다면 내가 어디 한마디도 설할 법이 있느냐.' 이 말입니다.

이 간단한 불교의 진리를 자꾸 외우고 떠들어대고 횡설수설하고 매달리다가 정작 자기 인생은 깜깜하게 헤맵니다. 중생은 이게 큰 병입니다. 술 취한 사람이 술 세계를 익히듯 중생이 중생살이 그것만 익히며 살아왔어요. 그러니 가장 쉬운 것을 일러줘도 곧이 안 듣습니다.

≪법화경法華經≫에 이런 비유의 말씀이 나옵니다. 어릴 때 미아가 된 아들이 이 집 저 집 구걸하며 돌아다니다가 우연히 자기 집 앞을 지나게 되었습니다. 아버지는 잃었던 아들이 찾아왔으니 얼마나 반가웠겠습니까. 그래서 사람을 시켜 불러오게 하니 아들이 생각하기를 '아이고, 저이는 얼굴도 원만하고 재산도 있고 위풍도 당당한데 내가 거지로 돌아다니니까 붙들어다 부려먹으려나 보다.' 하고 도망칩니다.

이 모습이 바로 어리석은 중생의 모습입니다. 가장 쉬운 그 자리에 들어오면 그냥 태평세계이고 모든 재산과 권리를 지니고 아무 고통 없이 살 텐데 말입니다.

그러자 아버지는 부득이 행색이 아주 초라한 사람을 보내 "그

집은 인심이 좋아 삯을 두 배로 준다."고 유혹해 아들을 데리고 와서는 뒷간을 치우는 험한 일부터 시킵니다. 아버지는 자꾸 달아나려는 아들을 이렇게 오래오래 몇 해 익힌 뒤 죽을 때가 다 되어서야 "너는 내 아들이고 이 집은 네 집이고 이 재산은 모두 네 재산이다. 그러니 네가 전부 맡으라."고 말합니다.

우리 중생도 전생 다생에 전부 거지 노릇을 한 것입니다. 본 고향을 두고서 말입니다. 온갖 탐진치 삼독에 찌들어 그것을 하루아침에 버리지 못합니다. 바로 눈앞에 있는 보배를 등지고 헤매는 습관이 몸에 배서 그렇습니다. 그 습관만 여의면 본시 청정한데 술 취한 사람이나 아편 중독자처럼 자꾸 습관으로 따라합니다.

하늘의 구름만 걷히면 밝은 태양이 나옵니다. 바로 눈앞에서 벗어날 사람도 있고 몇 달 만에 벗어날 사람도 있고 평생 걸려 벗어날 사람, 몇 생에 걸려 벗어날 사람도 있습니다. 습관의 차이에 따라 업력이 벗어지지요.

그래서 육조 스님도 "본래 한 물건도 없는데 어디 때 낄 곳이 있느냐."고 했습니다. 본시 때 낄 곳이 없으니 닦을 것도 없다 함은 닦아서 되는 것이 아니라는 말입니다. 꿈만 깨면 된다는 것이지요.

우리가 이를 받아들이지 못하는 것은 다생의 업력에 팔려서 믿지 않는 중생의 병 때문입니다. 그래서 하루아침에 되는 사람은 다행이지만 그리 안 될 때에는 눈을 부릅뜨고 그 자리를 찾아야 합니다. 그러면 누구나 다 볼 수 있습니다. 이것이 불교의 핵심입니다. 많이 듣고 많이 배우고 많이 보는 게 문제가 아니라 헤매지 않고 가나오나 앉으나 서나 이 하나를 찾아내는 작업을 해야 합니다.

도둑인 줄도 모르고 도둑을 주인 삼아

꿈을 꿔보지 않은 사람은 아무도 없을 것입니다. 꿈속에서 우리는 친구도 만나고 산천초목도 보고 목이 마르면 물도 마시고 차를 타고 가다가 기름이 떨어지면 기름도 넣고 누군가 나를 해치려 하면 맞서 싸우기도 합니다. 그러다가 막다른 골목까지 쫓겨서 칼에 찔리는 꿈이라도 꾸게 되면 소리를 지르며 깨기도 합니다.

그런데 어떤가요. 꿈속에서는 그렇게 괴롭고 기분 나빴는데 깨고 나면 속은 기분이 들지요. 이렇게 꿈을 꾸는 것은 생각을 쉬지 못해서 일어나는 현상입니다. 생각을 쉬어버리면 그런 경우가 없지요.

참선하는 사람은 깨어 있을 때나 잠잘 때나 똑같고 생과 사가 하나같아 그런 꿈이 없습니다. 공부에도 생사가 없는 것입니다. 사람이 차에 치어 죽었을 때 제삼자가 보면 죽은 사람이지만 정작 본인은 자기가 죽었는지 모르지요. 마치 꿈을 꿀 때 몸뚱이는 방에 두고 돌아다니면서도 꿈속의 자기가 자기인 것으로 착각하는 것과 마찬가지입니다.

사람이 도를 통하지 못하고 죽으면 그와 같이 업에 따라 떠돌아다니게 되지요. 그래서 천당이니 지옥이니 하는 세계를 건립하기도 하고, 소나 말 같은 짐승의 껍데기를 덮어쓰기도 하고, 혹은 중음신中陰身이 되어서 거리를 헤매기도 합니다. 이것은 마치 물이

증발하여 구름이 되고 안개가 되고 이슬이 되고 눈이 되고 우박도 되고 얼음도 되는 것처럼 천차만별로 작용하는 것입니다.

그렇지만 물과 얼음은 함께 있을 수 없습니다. 물은 100퍼센트 물이고 얼음은 100퍼센트 얼음입니다. 50퍼센트만 물이고 나머지 50퍼센트는 얼음이라는 것은 있을 수 없습니다. 물인 동시에 얼음이고 얼음인 동시에 물이고 물인 동시에 구름이고 구름인 동시에 물이지 부분적으로 얼음과 물이 섞여 있는 것은 아닙니다.

우리의 정신도 그와 같습니다. 술 마신 사람이 비틀거릴 때 술 마신 사람 따로 한 부분 있고 술 안 먹은 사람 따로 한 부분 있는 게 아닙니다. 100퍼센트 완전한 사람이 술에 취하면 곤드레만드레가 되는 것이고 술에서 깨면 100퍼센트 완전한 사람이지요.

우리가 신이라고 말하는 것도 이런 사람의 완전한 상태이지 별다른 게 아닙니다. 그래서 불교에서는 팔만사천 신을 말합니다. 다시 설명하면, 사람도 모양은 사람이지만 정당한 사람이 있는가 하면 금수와 같은 사람도 있으니 사람 중에 인생을 진실하게 파헤쳐 지옥 천당 아귀의 세계로 윤회하지 않게 된 사람이 바로 부처입니다.

그 멋진 이치를 밝힌 것이 팔만사천대장경입니다. 대충 남의 말만 듣고 적당히 해결하면 된다는 것은 있을 수 없습니다. 그래서 불교는 나의 본래면목을 정확히 보고 내 인생을 바르게 찾자는 것입니다.

그런데 우리는 망상 분별하는 마음으로 가득 차 있습니다. 이것은 사람이 태어날 때부터 술에 취해서 태어나는 일은 없지만 자라면서 술을 마셔서 습관이 되면 끊기가 어려워지는 업이 생기는 것과 같은 것입니다.

이렇듯 우리의 본성은 어린아이가 태어날 때와 같으나 업에 따라 끊임없이 망상 분별이 생기는 것입니다. 선을 익히면 선업이 되어 탄탄대로를 걸어가는 것과 같고 나쁜 행동을 익히면 악업이 되어 가시밭길을 걸어가는 것처럼 고통스런 삶을 살게 됩니다. 종교를 믿든 안 믿든 선의 길을 택하는 삶은 편하고 행복할 것이고, 악을 택하는 사람의 삶은 괴로울 것입니다. 이것은 분명한 진리입니다.

언젠가 신문에서 읽었는데 10년 동안 중노릇을 하던 사람이 목사가 되어 동서남북으로 돌아다니면서 불교를 비방하고 다니더군요. 그 사람에게 왜 불교를 믿다가 기독교를 믿게 되었느냐고 물으니, 승려로 있을 때에는 몸에 병이 낫지 않았는데 기독교로 개종하고 나서 병이 나아서 그랬다고 합니다. 그런 사람은 종교가 뭔지도 모르는 사람입니다. 물론 불교도 제대로 모르고요.

종교는 우리의 필요를 충족시키기 위해 존재하는 게 아닙니다. 가령 우리가 오래 살기를 목표로 해서 기도한다면 그것을 들어주는 것이 종교의 역할입니까? 아닙니다. 인간의 수명 길어봐야 백 년, 아무리 길어도 이백 년 안의 삶입니다. 무한대의 시간, 수천만 시간 중에서 백 년 이백 년을 더 사나 덜 사나 무슨 차이가 있습니까.

　종교란 이런 죽음과는 상관없이 신념을 갖는 것입니다. 몸뚱이가 좀 좋아졌다고 종교를 바꾸는 것은 불교를 조금도 모르는 처사입니다. 병이라는 것은 의사가 치료하는 것입니다. 혹 일체유심조 一切唯心造라 하여 종교심 때문에 병이 나을 수도 있지요. 그렇지만 병이 낫는 것으로 개종을 했다면 그 사람은 정말 맥 빠진 사람입니다.

　종교란 근본의 핵심을 찾는 것이지 그까짓 건강을 위해 있는 게 아닙니다. 며칠 더 사는 게 종교의 목표가 될 수 없지요. 종교를 추구하다가 건강을 해칠 수도 있고 좋아질 수도 있지만 그것 자체는 부수적인 것이지 종교의 근본 명제가 될 수는 없습니다.

　자, 그러면 오늘 화두는 이 몸이 생기기 이전의 근본 자기 면목을 아는 것으로 삼아봅시다. 우리가 안다는 모든 지식은 몸을 의지한 것인데 이 몸뚱이까지 송두리째 태평양 한가운데 던져서라도 부모가 낳아주기 전의 본래 내 면목을 한번 찾자는 것입니다. 부모가 이 몸 낳아주기 전, 모태에 들기 전, 본래의 자기면목 말입니다. 그것은 늘 내게 있거늘 우리가 육근에 매달려 밖으로만 따라다니니 전부 근본 뿌리를 모릅니다.

　예를 들어 눈은 보는 경계에 팔려 어떤 빛에 의해서 푸르니 붉으니 아름다우니 하니 이것은 자기를 도둑맞은 것이지요. 귀도 역시 밖의 소리에 팔려 있으니 도둑맞은 것입니다. 혀나 코도 혀끝으로나 냄새나 그런 것들에 꺼들리니 자기를 도둑맞는 것과 똑같습니다.

더군다나 생각도 과거의 경험, 현재의 경험, 미래에 대한 생각 등으로 뒤죽박죽되어 자기라는 것은 누군가에게 도둑맞았거든요. 마음의 그림자가 도둑인 줄도 모르고 도둑을 주인 삼아 본래 주인을 망각하고 있는 것이요, 가치 전도입니다.

다시 말해서 주인은 잃어버리고 도둑이 주인인 줄 알고 살다보니 헛살아서 나중에 죽을 때에는 정신없이 가버린다는 말입니다. 올 때도 정신없이 오고 갈 때도 정신없이 끌려가고, 사는 것도 정신없이 끌려 다니며 삽니다. 누가 웃기면 자기도 모르게 웃어버리고 누가 약을 올리면 자기도 모르게 화를 냅니다.

그렇게 자기 주인을 잃어버리고 여섯 구멍으로 침투하는 경계에 흔들리며 사는 것이란, 한 찰나도 주인 되게 살아보지 못하고 평생 꿈틀거리다가 떠나고 마는 고깃덩어리밖에 안 된다는 것입니다. 그렇게 산다는 것이 얼마나 허무합니까.

불교는 나를 찾고자 하는 것입니다. 이것이 부처님의 가르침입니다. 부처님이 어떤 위대한 말씀을 따로 하신 게 아닙니다. 팔만대장경을 다 뒤져봐도 위대한 소리를 하신 것이 없습니다.

진리는 가장 평범한 것입니다. 참선도 그렇습니다. 우리가 앉고 서고 하는 모든 것을 정확히 보고 정확히 사는 것이 참선법이지 따로 무슨 신기한 능력이 있는 게 아닙니다.

참선의 자세 역시 신기한 것이 아닙니다. 단지 그 자세가 모든 산란심을 제하는 가장 좋은 방법이니 수행인들이 그렇게 앉는 것입니다. 바른 참선 자세를 취하면 24시간을 앉아 있어도 운동 부족 현상이 일어나지 않는다고 합니다. 그 자세가 혈액 순환을 잘 시키는 과학적인 자세이기 때문입니다.

부처님도 보리수 아래에서 가부좌를 틀고 앉아 지난 시간 행하신 수많은 수행을 정리하며 확연히 깨우침을 얻으셨습니다. 부처님은 밖에 있는 것들에 꺼들리지 아니하고 고요히 자기 마음을 살피고 자기 존재를 깨쳐 우주 전체를 다 아신 것입니다. 그러니 서울과 부산 사이에 고속도로를 닦아놓으면 평탄하고 어려움 없이 오갈 수 있듯이 부처님께서 닦아놓으신 법대로 살아간다면 고통 없이 목적지에 이를 수 있는 것입니다.

'부모가 낳아주기 전 내 본래면목이 무엇인가?' 그 소리 하나가 음식을 먹다가 목에 가시가 걸린 것처럼 삼키려 해도 삼켜지지 않고 뱉으려 해도 뱉어지지 않는 것처럼 꽉 막히는 경계가 되어야 합니다. 그런 절실한 자세로 참나를 찾아야 합니다.

자꾸 노력해 껍데기 옷을 홀랑 벗어버려야

우리 납자衲子들은 이 노장이 법상에 올라오기 이전에, 납자들께서 이 법당에 들어서기 이전에, 법문을 설하고 다 들어 마친 도리가 있지요. 전광석화같이 일체 사량 분별이 닿지 않는 곳에서 이루어진 도리가 있다는 말입니다. 다시 무슨 입을 열어서 얘기할 필요가 전혀 없습니다. 그러나 노장이 어쩌다가 법상에 올라왔으니 멀리 가까이서 온 신도님들을 위해 몇 마디 하고자 합니다.

우리는 모두 편안해야 합니다. 그런데 전 세계 인류가 편안하지가 못하지요. 마치 미꾸라지 담아놓은 그릇에 소금을 끼얹은 것처럼 모두가 괴로워 후다닥거리며 아우성을 치고 싸우고 신음하는 소리가 허공에 꽉 차 있습니다.

부처님 말씀을 빌린다면 본시 우리에게는 편안한 자리가 있습니다. 개개 본성으로 절대 평등하여 터럭 끝만치도 차별 없는 부처의 자리를 갖추고 있습니다. 그런데 어째서 편안한 자리를 여의고 허둥대느냐는 것이지요. 이것은 무명의 그림자가 안개처럼 덮여서 부처의 자리를 등지고 살기 때문에 그렇습니다.

부처님의 가르침은 바로 자기 부처를 찾아보라는 것입니다. 자기 부처를 보지 못하고 헤매는 사람을 중생이라 하고, 자기 부처를 바로 보고 사는 것을 견성 오도見性悟道, 부처의 마음자리로 돌

圓覺普照

北漢山重興寺
西庵

아가 편안히 사는 자리라 합니다.

그런데 우리는 어째서 그런 무명에 사로잡혀 빛나는 부처 자리를 보지 못하고 헤매느냐. 이것을 깨우치는 도리를 오늘 얘기하고자 합니다. 여러 신도님이 여기까지 찾아오신 것은 스님들이 찾고자 하는 깨달음의 세계가 여법하므로 그 세계로 같이 들어가고자 동참한 것이지요.

옛날 유마維摩거사나 부설浮雪 거사나 방 거사 같은 분들은 여러분과 똑같은 재가 대중이었지요. 그러나 재가 대중으로서도 마음을 통해서 모두 후회 없이 편안하게 살다가 생사가 없는 도리의 세계로 가셨습니다. 그래 오늘 모인 재가 대중 가운데 아직도 그런 자리를 발견 못한 분을 위해 그 자리를 발견하는 방법을 옛날 고인의 말을 빌려 몇 마디 하고 내려갈까 합니다.

첫째, 우리가 이 자리에 앉아 있는데 앉아 있는 그 존재, 자기 자리를 먼저 돌이켜 보십시오. 과연 자기가 어느 자리에 있는가. 그 자기 위치를 돌이켜 보면 참으로 빛나는 자리가 하나 있어요. 그것을 '여기 한 물건이 있다.'고 표현합니다. '한 물건'이란 부득이 이름을 붙이자니 한 물건이지 눈에 보이는 무슨 물건이 아닙니다. 그걸 이제 풀어나갑시다.

한 물건이 있는데 명상名相이 끊어졌어요. 그러니 뭐라고 이름을 붙일 수가 없어요. 모양이 있고 뭐가 있어야 이름을 붙이는데 명상이 끊어졌으니 무슨 이름을 붙일 수 없는 자리입니다.

고금을 통해 시작과 끝이 없는 무시무종의 시간에 깨어 있고, 또 공간적으로 티끌만한 존재에 처해 있으면서도 육합六合, 즉 우주 전체에 다 두루 해 있다는 겁니다. 우리가 비록 이 법당 안에 있지만 시방세계 한없는 무한한 공간에 두루 해 있다는 것이지요. 조그만 티끌 가운데에 있어도 전 우주를 포섭하니 참 묘한 것이지요.

그것이 바깥으로 어떠한 경계가 오든지 다 응해주지요. 누가 부르면 대답할 줄 알고, 누가 칭찬하면 웃을 줄 알고, 누가 모략중상하면 성낼 줄 알고, 검은 게 오면 검게 비추어주고 붉은 게 오면 붉게 비추어주고, 크게 오면 크게 알아차리고 작게 오면 작게 알아차립니다. 마치 밝은 거울에 오는 족족 비추어주듯이 참 묘하게 천하 만물을 다 응해주고 비추어줍니다.

주어삼재主於三才 왕어만법王於萬法이라. 그것이 천지인天地人 삼재의 근본이고, 모든 법 가운데 왕입니다. 그보다 더함이 없습니다. 이 세상 인간이 짜내는 모든 문화, 학설, 진리가 많다 하더라도 거기서 가장 왕이 된다는 것이지요. 그렇게 호호탕탕浩浩蕩蕩해서 그 자리는 높고 높아서 비교할 바가 없어요. 어지간히 비등한 게 있어야 갖다 대고 비교를 하지 비교가 끊어지는 절대적인 존재입니다.

참 묘한 물건이지요. 그리고 현현묘묘玄玄妙妙해서 그 자취가 분명하고 역력해 그 자리는 우주 만유가 생기기 전부터 있었던 겁니다. 선천지이무기시先天地而無其始요, 후천지이무기종後天地而無其終이라. 우주가 생기기 전부터 있었고 천지가 부서져 없어져도 마침이 없는 자리입니다.

석가모니 부처님께서는 바로 이 도리 하나를 깨쳐서 안 것입니다. 석가모니께서 티끌만치라도 어떠한 진리를 만들어내고 어떠한 물체를 창출해 내서 나를 따라오면 구원을 받고 나를 따라오지 않으면 멸망한다는 그런 어처구니없는 이론을 말씀하신 게 아닙니다.

석가모니께서 진리를 발견하고 보니, 나고 죽음이 없고 고통이 없는 편안한 그 자리를 항상 가지고 있음을 알게 된 것이지요. 그 진리를 깨치고 보니 일체중생이 절대 평등해서 털끝만치도 차별이 없는 겁니다. 누가 덜하고 더한 것도 없고 모자라고 남은 것도 없이 조금도 차별 없이 태란습화 사생이 똑같은 그 고향 자리를 갖고 있는 것이지요. 그 자리는 부처니 중생이니 석가니 미륵이니 하는 이름도 붙지 않습니다.

석가모니께서 다만 그러한 진리를 발견하셨고, 이제 우리도 그러한 진리를 발견하면 모든 구속에서 벗어나 해탈 자재한 행복하고 편안한 생활을 할 수 있다고 가르치신 것입니다. 미혹한 모든 중생을 구제하기 위해 45년 동안 고구정녕하게 밑바닥이 없는 넓고 위대한 배를 만들어 욕계·색계·무색계의 고해에 있는 중생을 열반의 세계로 건져내고, 구멍이 없는 피리를 불어 묘한 소리가 시방세계에 뻗어 일체중생의 잠을 깨운 것입니다.

그런데 그 묘한 물건이 어떻게 생겼느냐는 말이지요. 그놈이 모가 났는가 둥근가, 흰가 검은가, 큰가 작은가, 냄새가 나는가. 일체 형단이 없지요. 형단 없는 그놈이 희로애락을 하고 가고오고 앉고 서고 별 짓을 다 합니다. 그놈을 찾아내야 합니다. 도대체 '이 뭣고' 그놈은 다만 한 생각 돌이키면 삽시간에 알 수 있어요. 힘들고 어려운 게 아니에요. 한 생각 돌이키면 항상 눈앞에 있는 그 물건이 어디 가겠습니까. 그놈을 한번 살펴야 됩니다.

노력해서 그것을 알려고 하는 방법을 이름 붙여서 참선이라고 하지요. 참선은 본래 근본 자리를 터득해 내는 노력입니다. 가나오나 앉으나 서나 웃을 때나 울 때나 항상 잠시도 자기를 여의지 않습니다.

모든 물체나 바깥에 있는 물건은 어디 보관해 두고 오지만 자기 자신은 어디 가든지 조금도 자기와 이별한 일이 없어요. 그러한 자기를 똑바로 보자는 겁니다. 그게 어렵겠어요? 그것을 백 일이면 백 일 기한을 딱 정해놓고 주인공 자리에 뿌리박도록 노력하는 자세가 참선입니다. 참선해서 대번에 깨쳐서 도업을 성취하는 사람이 있고, 시간이 좀 더 걸려서 보림保任하는 사람이 있어요.

아기가 이 세상에 나올 때 이목구비를 다 갖추고 나옵니다. 아기라고 해서 눈이 하나 모자라고 코가 모자라고 팔다리가 모자라는 게 아니지요. 그러나 어른과 같은 몸으로 태어났다고 해서 아기가 사람 구실을 하느냐 하면 그렇지 못하지요. 부모가 보호해 주고 키워줘야 나중에 사람 구실을 하지요.

그렇듯이 우리가 꿈을 턱 깼다고 해서 대번에 종횡자재하는 게 아니지요. 여러 해를 보림하고 공부를 쌓을 때 완전한 부처가 됩니다. 그러니까 우선 어떻게든지 견성 오도하여 꿈을 깨야 합니다. 선방에서 정진하는 스님마냥 꿈을 깨야겠다고 결심해야 합니다.

꼭 절에 오고 선방에 앉아 하는 게 아니라 마을에 가서 사농공상 모든 일을 하더라도 항상 깨우침을 얻으려는 마음을 가지고 가나오나 앉으나 서나 소소영영하게 움직이는 그 자기 핵심이 무엇인가를 돌이켜 보는 노력을 하다 보면 그동안에 견성 오도를 하게 됩니다.

그렇게 하면 해제 때 견성 오도한 세계를 내어놓으면 얘기 안 해도 이심전심이라 눈만 끔쩍거려도 통합니다. 꼭 얘기해야 아는 게 아닙니다. 향내는 가만히 둬도 향기가 풍기듯 견성 오도한 사람은 저쪽 멀리 오는 그림자만 봐도 견성한 사람이다 하고 알아챌 수 있습니다.

이렇게 자꾸 노력해서 껍데기 옷을 훌렁 벗어버리면 참으로 편안한 세계를 이룰 수 있습니다. 모든 고통을 털어버리고 편안하게 사는 세계, 나고 죽음이 없는 열반의 세계를 꼭 이루어야 합니다.

이 자리를 깨치지 못하면 헤맵니다. 그 헤매는 존재가 귀신입니다. 견성 오도 못 하면 헤매어 중음신이 되든가 육도 중생으로 태어나 천당에 가든가 지옥에 가든가 하면서 끝없이 윤회합니다. 그러니 오늘 우리는 모든 영가靈駕들을 이고득락離苦得樂하게 천도薦度해 주고, 또한 우리 자신의 견성 오도를 위해 부단히 노력하여 열반의 세계에 이릅시다.

시간과 공간이 없는 그 하나

불교는 모든 형식을 탈피합니다. 지금 이곳이 비록 절이나 법당은 아니지만 여러분이 법을 공부하고자 모였으니 그대로 법당을 하나 지어놓은 것이지요. 사실 이 우주 법계가 그대로 법당이고 부처님 사상을 퍼뜨리는 것이 다 법회입니다. 오늘 아침 이 거제도에 상서로운 빛이 비치더니 여러분이 이렇게 모여 법당을 하나 이룩하려고 그랬나 봅니다.

불교는 어떤 형식에 있는 게 아닙니다. 부처님도 맨주먹 쥐고 설산에 들어가서 6년 고행을 했고 나올 때에도 맨주먹 쥐고 나왔습니다. 금광을 파서 걸머지고 나온 것도 아니고 사람을 많이 모아 결탁하고 나온 것도 아닙니다.

부처님은 맨발로 일곱 집을 다니며 밥을 얻어 자셨습니다. 조석 시간이 안 맞으면 못 자시고 굶기도 하셨습니다. 그런 의미에서 오늘날의 불교를 다시 한 번 생각해 보아야 합니다.

부처님이 왜 성불해 마치고도 맨발로 다니면서 칠가식七家食을 하셨는가. 이 점을 깊이 생각해야 합니다. 우리같이 못난 중도 가만히 앉아 있으면 누가 몇 달 먹을 것을 갖다 주는데 부처님은 어찌하여 성불하고도 돌아다니면서 얻어 자셨는가. 부처님이 우리보다 복력이 없거나 공양 받을 자격이 없어서 그랬겠습니까. 여기에 불교의 참된 뜻이 있습니다.

이 세상 중생사를 탈피하고 참다운 인생을 꿰뚫어보는 세계를 열어주신 분이 부처님입니다. 오늘 이 자리에 단청 하나 안 했지만 큰 법당이 이룩되었는데, 이곳은 눈에 보이는 우리뿐 아니라 눈에 보이지 않는 많은 중생이 모인 자리입니다. 여기서부터 부처님 사상을 인식하고 부처님 사상을 고취하고 부처님 사상대로 살 수 있는 가풍이 형성된다면 이 사회가 혼란한 것쯤은 다 해결됩니다.

좋은 명당에 큰 건물 차지하고 단청하고 수천 명씩 모여 와글와글한다고 불교가 발전하는 게 아닙니다. 눈에 보이지 않는 이 우주가 법당이고 보이지 않는 진리가 부처님의 팔만사천법문에 다 기록되어 있습니다.

바른 정신을 지닌 사람이 있는 곳이면 그곳이 그대로 법당입니다. 우리가 웃고 울고 가고 오고 서고 앉는 온갖 희로애락 그 속에 불교가 서는 것이지 따로 처소가 없습니다.

과학자들은 우주가 불덩이였는데 몇 십억 년 전에 식어서 지구 덩어리가 되었고 이것도 언젠가는 무너질 것이라고 합니다. 이 지구도 시간적으로는 수억만 년이 되었지만 근본은 우리 개인하고 똑같습니다. 인간 수명이 백 년 안쪽인데 백 년이란 시간은 짧고 우주가 몇 천만 겁 전에 일어났으니 그것이 긴 것이 아닌가 하겠지만 다 똑같은 시간입니다.

일념즉시무량겁 一念卽是無量劫이라, 한 생각이 한없는 시간입니다. 무량원겁즉일념無量遠劫卽一念이라, 무한히 많은 세월이 바로 일념입니다. 우주의 성주괴공과 인간의 생로병사는 다 똑같습니다. 다를 것이 없습니다.

얼핏 들으면 백 년 인생 다르고 수천만억 겁 우주가 다른 것 같지만 눈을 뜨고 보면 똑같은 시간입니다. 왜냐하면 시간과 공간이 따로 있는 게 아니라 우리 중생의 업력으로 일어난 것이기 때문입니다.

그러면 우주가 생기기 이전, 여러분 몸이 생기기 이전 여러분의 존재는 어디에 있었는가 한번 생각해 볼 필요가 있지 않을까요. 우주가 생기기 전이라는 말이나 내 몸 생기기 전이라는 말이나 똑같은 소리입니다.

몸이 생기기 전에 나라는 존재는 어떠한 존재이고 어디에 머물러 있었느냐 그것을 한번 생각해 봐야 합니다. 지금 잠깐 동안이라도 좋습니다. 내 존재가 무엇인가. 우주 일월성신 산하석벽 모든 물체가 일어나기 이전의 상태는 어떠했는가.

한번 생각해 보면 꽉 막힐 것입니다. 이렇게 자기가 일어나기 이전의 세계를 헤아려 보면 눈만 껌뻑거려지고 이해가 안 되는 사람이 태반이겠지요. 그렇다고 우주가 생기기 이전에는 나라는 존재가 없었는가. 우주가 생기기 이전에 없었던 것은 분명 아닙니다. 그러면 그것을 어떻게 해결해야 되느냐. 내 몸 받기 전, 우주가 생기기 전에는 어떠했는가.

요새 과학자들은 무無, 없다고 합니다. 모든 물체는 전부 분자로 원소로 입자로 돌아가는데 궁극에는 무다, 없다고 말합니다. 일체 우주 진리라는 것은 하나도 있는 것이 없다, 입자니 분자니 하는 것도 깊이 분석해 보면 없다 그럽니다.

그렇다면 없는데 어떻게 다니냐 하겠지요. 없는 그것이 바로 있는 것입니다. 아주 모순된 소리지요. 색즉시공色卽是空. 색은 있는 것이고 공은 없는 것이 아닌가. 그런데 불교에서는 색이 바로 공이요, 공이 바로 색이라고 합니다. 있고 없는 것이 둘이 아니라는 것도 내내 그 소리입니다.

한 생각 돌이켜 이 몸 받기 전 우주가 생겨날 때 자기를 한번 돌아봅시다. 우주가 없고 만물이 없으면 자기가 없지 않을까. 그런데 자기는 있습니다. 아무리 천하가 다 부정해도 자기가 없지는 않거든요. 뭐라고 표현은 못 해도 자기는 있다 그것입니다.

옛말을 빌린다면, 건곤미분전乾坤未分前, 하늘과 땅이 일어나기 이전에 우주 만유가 생기기 이전에 이 물건이 있었다고 합니다. 그 물건이 어떻게 된 물건이냐, 그 물건이 분명히 있는 것을 자기가 느끼고 아는데 그럼 그 물건이라는 것이 어떻게 생겼느냐 한번 이야기해 봐라 하면 막힙니다.

미迷한 중생은 전혀 모릅니다. 혼곤하고 정신이 없어 어떻게 된 건지 도무지 모릅니다. 그런데 모른다는 것은 불행한 일이 아니냐 하고 자기가 모르기 때문에 갈팡질팡하고 고통을 느낍니다. 부처님은 그것을 아는 분입니다. 하늘과 땅이 일어나기 이전 자기를 안다. 이것을 이름 하여 부처다 열반이다 합니다.

모든 물건이 일어나기 이전의 자기, 모든 것이 없어져도 그 자기는 있습니다. 우주 만유가 다 부서져도 자기는 없어지지 않습니다. 중생이 다만 그것을 모르기 때문에 탐진치 삼독과 오욕락에 팔려서 지옥도 벌어지고 천당도 벌어지고 인간 만물 삼계 사생육도四生六道가 다 벌어집니다.

하지만 성인들은 따라가지 않습니다. 당황하지도 않습니다. 지옥에 가도 지옥이 무너지고 천당에 가도 일체 구애받지 않는 그것을 부처라 열반이라 합니다. 자기의 본래면목입니다.

그것을 알기 위해 참선을 한다, 염불을 한다, 기도를 한다, 자기반성하는 것입니다. 모르면 항상 당황하니까 그러한 세계를 터득하기 위해 애쓰는 것입니다. 시간과 공간이 없는 그 하나를 알면 됩니다. 그것을 알기 위해 절을 짓고 기도를 하는 것이지 절을 짓기 위해서 절을 짓는 것이 아닙니다.

그물이 없으면 고기를 못 잡으니 고기를 잡기 위해 그물을 뜨는 것이니, 고기를 잡은 다음에는 그물을 집어던져야 합니다. 그런데 인간은 오히려 그 그물에 자기가 걸립니다. 그물을 치장하고 그물에 걸립니다. 고기 잡는 근본을 망각하고 그물에 걸립니다.

오늘날 종교 단체가 종교 단체라는 형상에 걸려 근본을 망각하는 것도 마찬가지입니다. 정토회는 모든 것을 탈피하고 인간 본연의 근본 자리를 깨우쳐주는 운동을 하는 단체가 되어야 합니다. 큼직한 절 하나 없더라도 방방곡곡 돌아다니며 중생의 헤매는 세계를 밝혀주는 그런 법회를 해야 합니다.

때 묻지 않은 본래의 참다운 정토세계를 이룩하자는 것이 오늘 정토회원이 멀리서 여기까지 온 뜻이겠지요. 이렇게 같이 앉아 이야기하는 것이 하도 반가워서 두서없이 이야기했습니다.

불교의 근본은 이것이라고 통쾌하게 이야기는 못 해도, 그것보다 더 좋은 것은 없다고 내가 느끼기 때문에 여러분에게 기탄없이 이야기합니다. 불교가 좋은 줄 알았으니, 이제 이 좋은 법을 우리나라 국민뿐 아니라 전 세계 인류가 다 알아 함께 잘살 수 있는 운동, 그밖에 할 것이 더 있겠습니까.

안 되는 것이 되는 것이다

　죽비를 세 번 딱딱딱 치고 모두 정定에 드시라고 했는데, 잠시 여러분이 정에 든 그 시간을 반성해 봅시다. 죽비 치고 조용히 앉아 있었는데 그때 자기의 중심 위치가 어디에 있었는지 한번 얘기해 보시겠습니까. 모든 생각을 쉬어버리고 가만히 있을 때 과연 여러분의 위치가 어디에 있었느냐는 말입니다.

　만약 그 시간에 생각이 어디로 달아났다면 정에 들었다고 하지만 든 것이 아닙니다. 어떠한 생각이 일어나 그 생각을 따라갔다면, 가령 지나간 일을 생각했다거나 앞으로 올 일을 생각했다거나 또는 현재 무슨 생각을 가지고 있었다면, 본래 정에 든다는 생각은 어긋나고 뜻있는 시간이 못되는 것입니다.

　그런데 그렇지 않고 모든 생각 다 쉬어버리고 어떠한 생각에 안주해 있었다면 그 경계가 어떠한 건지 말씀해 보시겠어요? 아무도 대답을 안 하시는군요. 알고 안 하는지, 모르고 안 하는지 모르겠지만 이 문제를 오늘 내가 조금 풀어볼까 합니다.

　정이란 곧 안정이란 뜻인데, 희로애락 모든 생각에 흐트러지지 말고 딱 자리 잡힌 안정된 자기를 살펴라 이런 말이지요. 그런데 모든 생각이 뚝 끊어지고 조용히 어떤 경계에 들어 있다는 생각이 남아 있어도 그것 역시 정이 못 됩니다. 한 생각에 딱 걸려 있다 그

거지요. 그런데 모든 생각이 끊어지고 한 생각에 딱 걸려 있기도 사실 쉬운 일은 아닙니다.

보통 우리가 사는 것은 상념입니다. 옳은 생각, 그른 생각, 지나간 생각, 앞으로 다가올 생각, 많은 생각이 얽히고설켜 잠시도 멈추지 않고 물 흘러가듯 꼬리에 꼬리를 물고 생각이 흘러갑니다. 그런데 그걸 다 놔버리면 어떠한 자기가 남겠느냐는 겁니다.

산다는 것은 전부 생각의 흐름입니다. 생각, 그것을 가지고 살아갑니다. 한 생각도 없을 때는 없습니다. 보통 중생의 세계에서는 무슨 생각이든지 생각을 가지고 있거든요.

내가 아무 생각도 안 한다 해도, 안 한다는 생각을 하는 것이므로 다 쉬어버리지 못한 것입니다. 텅 비웠다 해도 비웠다는 생각 역시 하나의 생각이거든요. 결국은 생각을 털어버리지 못하고 생각 속에서 자꾸 흐르고 있지요.

그러니 좋은 경계가 오고 기뻐할 때는 좋은 줄은 알지만 그것이 금방 꿈같이 지나가 버립니다. 또 어떠한 생각이 대신 밀어닥쳐, 기쁜 생각, 덤덤한 생각, 사랑하는 생각, 미워하는 생각, 질투하는 생각, 온갖 생각이 자기 부처를 가리고 주마등처럼 흘러갑니다. 그러니 괴로운 것이지요. 그걸 두고 불교에서 똘똘 뭉쳐 말하기를 염기염멸 즉생사念起念滅 卽生死, 생각 일으키고 생각 끊어지고 하는 것이 나고 죽는 것이라는 겁니다.

정에 든다는 말은 무념, 아무 생각이 없다는 뜻입니다. 그런데 생

乾坤未分前

각이 없다고 말하면 우린 생각으로 사는데 돌덩어리나 나무 장작처럼 아무 감각도 없이 허공같이 된다는 말로 생각하기 쉽습니다.

그러나 그것도 어디까지나 생각입니다. 생각이 끊어진 자리는 생각으로 도저히 들어가지지 않습니다. 생각이 끊어지면, 일체 생각이 없어지면 아무 생각이 없는 무정물이 되는 게 아닙니다. 희로애락 흘러가는 생각이 없다는 말입니다.

그런 생각이 없을 때 내 본래 흐림 없는 본바탕인 마음의 고향이 있고, 일어나는 생각을 쉴 때 본바탕의 빛이 비춘다 그겁니다. 아무 생각 없이 무슨 허공처럼 무정물이 되는 게 아니라, 희로애락을 느끼는 것 이상의 위대한 빛이 흐르고 밝고 밝은 꺼지지 않는 불생불멸하는 본바탕을 본다 그겁니다.

이렇듯 자기 마음만 깨치면 그만입니다. 그 마음 깨치는 것이 어렵지 않습니다. 꼬집으면 아픈 줄 알고, 웃기면 웃을 줄 알고, 부르면 대답할 줄 아는 내 주인공은 누구도 평등해서 어디서나 성불할 수 있습니다. 머리 깎고 중이 되어 청정하게 계행을 지키고 절에 있다고 해서 불교를 전매 특허한 것이 아닙니다.

옛날 부설 거사 같은 이를 보십시오. 도반 셋이 가다가 어떤 여인하고 인연을 만나서 마을에 들어앉아 농사짓고 아들딸 낳고 살아도 다른 도반보다 먼저 도인이 되었습니다. 절에 간다고 꼭 공부가 되는 게 아닙니다.

일상생활을 하면서 다른 모든 활동을 하면서도 불교를 뚫어내고 마음을 공부할 수 있습니다. 쉽게 말해서 생활 불교지요. 처음에는 힘이 듭니다. 다만 자기 전에 한 시간, 잠 깨서 한 시간, 매일 이렇게만 해보시라는 겁니다.

종일 일을 해 피로해도 잠자리에 들기 전 한 시간 작정해서 내 인생 문제를 한번 풀어보자 마음먹고 앉아서 '이 뭣고'를 붙잡고 화두를 한다 그겁니다. 그러다 쓰러져 자게 되면 종일 피곤했더라도 꿈속에서 단순해져 꿈자리가 어지럽지 않습니다. '이 뭣고' 하는 데 집중해서 꿈에서도 '이 뭣고' 합니다. 그렇게 되면 뇌세포가 조용해서 잠을 적게 자도 건강합니다.

온갖 생각을 하면 이 생각 저 생각 때문에 뇌수가 피로해집니다. 공상 망상을 많이 하면 노이로제가 되고 신경쇠약이 되고 몸이 약해져요. 생각을 많이 할수록 혼탁해져서 금방 천치가 되고 어지럽고 잠도 제대로 못 잡니다.

잠 속에서도 어디를 돌아다닙니다. 꿈꾸고 돌아다니면서 꿈에서 무서운 것도 보고 좋은 것도 보니 이놈의 신경이 쉬지 못하고 피로해질 수밖에요. 여덟 시간 아홉 시간 자도 항상 찌뿌듯한 게 잠이 만날 부족하지요. 그런데 화두를 하고 자면 한 시간 두 시간 자다 일어나도 눈이 샛별 같고 총명해집니다. 그런데 이런 보배를 안 하거든요.

'이 뭣고'를 하는 그 시간만큼은 순전히 내 시간입니다. 아들한테 뺏기는 시간도 아니고, 남편한테 뺏기는 시간도 아니고, 아내한테 뺏기는 시간도 아니고, 친구한테 뺏기는 시간도 아닙니다. 누구한테도 간섭받지 않고 앉아서 '이 뭣고' 하는 겁니다.

그리고 아침에 일어나면 다시 앉아서 한 시간이고 얼마고 공부를 하는 겁니다. 그러다 보면 하루를 살아가는 데 마음의 여유가 생기고 누가 부아를 질러도 거기에 말려들지 않아요. 늘 웃을 수 있는 마음의 여유가 생깁니다.

그런 공부를 안 한 사람은 누가 조금만 거슬리는 소리를 해도 파르르 성을 내고 싸우고 친구 간에도 의를 끊고 아들딸 낳고 살아가는 부부 간에도 우리 그만 갈라지자 이렇게 되어버리는 거지요. 참으로 우습지요. 조그만 데 걸려가지고 아귀다툼을 하고 삽니다.

하지만 조금만 이 공부를 해놓으면 누가 욕을 해도 허허 웃고 '저 사람은 살아가는 세계가 저렇게 좁구나. 나도 공부하기 전에는 누가 뭐라 하면 거기에 꺼들렸지.' 하고 오히려 동정이 가고 그 사람을 위로해 줄 여유가 생기지요. 그만큼 자기 인생 폭이 넓어집니다.

내 마음자리가 본시 위대한데, 천하도 다 집어삼킬 수 있는 그런 여유를 가진 이 마음을 조그맣게 쓰니 항상 불행 속에 빠지는 겁니다. 화두를 하면 마음을 넓게 쓰는 공부가 저절로 됩니다. 그래서 '이 뭣고'를 하는 거지요.

그런데 이 공부를 시작하면 항상 처음에는 잘 안 됩니다. 하지만 안 되는 게 되는 겁니다. 아예 공부를 안 하면 안 되는 것도 없습니다. '아이고, 나는 망상이 일어나서 도무지 안 된다.' 해도 그게 되는 겁니다.

자전거를 탈 때 첫 번에 타는 사람은 없습니다. 나자빠지고 넘어지면서 어떤 때는 팔도 다치고 무르팍도 깨지고 그럽니다. 그런데 안 된다고 집어던지면 평생 그 사람은 자전거 못 타는 겁니다. 안 되는 것을 자꾸 포개고 포개고 하면 나중에 되는 거라 이겁니다. 안 되는 걸 포개 가지고 그 과정을 거쳐야 되는 것이지, 안 되는 과정을 거치지 않고는 되는 게 없어요.

'안 된다' 소리는 '된다' 소립니다. '아이고, 나는 공부를 해봐야 안 되고 짜증이 생긴다.'고 하는데 그게 된다 소리지요. 아예 공부를 안 하는 사람은 안 된다 소리도 못 합니다. 그러니 애써서 해야 됩니다.

그러니까 처음이 제일 어렵습니다. 그 어려운 것이 지나가면 그다음에는 온갖 일을 하면서도 화두를 공부할 수 있습니다. 그렇게 해서 공부하는 쪽에 비중이 커지면 세상살이에 구애받지 않고 공부가 익어가게 마련입니다.

그런 노력을 하는 게 생활 불교입니다. 어디 꼭 절에 가야 공부하는 게 아닙니다. 시간이 없어서 공부를 못 한다느니, 일하느라고 공부를 못 한다느니 하는 건 핑계에 불과합니다. 일상생활 속에서 공부하는 방법을 놓치지 말고 자꾸 노력해야 합니다.

  뭐든지 일심으로 노력해야 됩니다. 뭐든지 열심히 한 가지로 하면 뚫어지는 구멍은 마찬가집니다. 참선하는 이나 염불하는 이나 기도하는 이나 일념으로 들어가면 뚫고 들어가게 마련입니다. 망상이란 구름을 헤치고 일념으로 들어가는 겁니다. 일체 생각 쉬어 버리고 이 몸은 언제든지 집어던질 거니까 오늘 잠시라도 이 몸을 집어던져 앉아 보자는 다부진 생각으로 '이 뭣고' 할 때 비로소 평소에 느끼지 못한 위대한 자기를 볼 수 있게 됩니다.

낙제생과 급제생

　탐진치 제거의 방법은 첫째 계를 지키는 것이지요. 이것이 또한 불교의 첫째입니다. 계를 지키면 안정이 옵니다. 파도가 가라앉듯 잠잠해지지요.
　탐심의 예를 봅시다. 다람쥐는 숲속을 오가며 평생 도토리를 모으며 사는데 혹 다른 누가 그것을 가져가기라도 하면 파르르 떨다 죽어버립니다. 그것이 없다고 금방 굶어죽는 것도 아닌데 자기 걸 빼앗겼다 싶으니까 욕심에 떨다 죽는 겁니다.
　사람도 마찬가지예요. 돈을 탐하다가 그 돈이 날아가 버리면 기가 막혀서 '어휴, 내 돈' 하면서 죽어버리지요. 그게 바로 독이 아니고 무엇이겠어요.
　진심을 코나 발가락 손가락이 내는 게 아니지요. 빛도 모양도 냄새도 없는 것이 진심을 내는데 벌써 육체가 작용을 하는 것입니다. 성을 내면 가슴이 후다닥 뛰고 열이 치받고 눈이 캄캄해지고 입맛도 떨어지고 도무지 괴로워 죽어버릴 수도 있어요.
　치심도 마찬가지입니다. '에이, 그것 안 되니 죽는다.' 해서 자살하는 게 전부 어리석어서 죽는 겁니다.
　그러니 탐진치가 삼독이라는 말이 그것이지요. 생각이 일어나서 육체가 죽기도 하고 살기도 하니 참 큰 힘을 가지고 있지요. 이 탐심·진심·치심에 따라 파도가 이니 마음이 안정이 안 되는 겁니다.

생각이 파도를 치면 좋은 것이나 괴로운 것이나 똑같아요. 불구덩이에 들어가 불에 타 죽으나 물에 빠져 죽으나 죽는 건 마찬가지듯이 탐심에 빠져 죽으나 진심에 빠져 죽으나 마찬가지라는 겁니다.

죽는다는 소리는 정상을 잃어버렸다는 소리지요. 마음이 정상을 잃어버리면 거기에 무슨 도가 미칠 수 있겠습니까. 탐진치 삼독심이 모든 오욕락을 구사하니 항상 마음에 파도가 일지요. 그러니 계를 지키지 않으면 마음에서 일어나는 파도를 가라앉힐 수 없습니다.

계행을 지키면 마음이 가라앉아 명경지수와 같이 안정이 되지요. 계행을 지키면 피도 맑아져요. 마음이 안정이 되면 과거 현재가 다 보입니다. 팔식八識 경계를 지나 구식九識 경계가 나타나 앉아서도 산 너머 저쪽에서 오는 사람이 훤히 보이고 천리만리 일 벌어지는 것도 보입니다. 계행을 지키면 그만큼 마음에 광명이 비춘다는 얘기지요. 그러므로 안정을 취해 지혜가 생긴다는 말은 모든 것에 밝다는 것을 말합니다.

그래서 불교는 계정혜 삼학을 말합니다. 참선 등 모든 수행이 계정혜 삼학의 원리에 의하지 않으면 아무것도 성취가 안 돼요. 그래 계가 바로 정이고 정이 바로 혜지요.

육조 스님께서 이런 말씀을 하셨습니다. 심지무비心地無非 자성계自性戒요, 심지무치心地無痴 자성혜自性慧요, 심지무란心地無亂 자성정自性定이요, 부증불감不增不減 자금강自金剛이요, 신거신래身去身來 본삼매本三昧니라. 즉 마음자리에 잘못 없음이 자성의 계요, 마음자리에 어리석음 없음이 자성혜요. 마음자리에 어지러움 없음이 자성정이요, 더하고 덜하지 않음이 자기의 금강이요, 몸이 가고 옴이 본래 삼매니라.

일체는 전부 마음이 바탕이 됩니다. 그래서 우리가 마음을 관하는 것입니다. 마음 정진하는 법은 첫째가 계행을 지키는 것이고, 그 안정을 통해 화두를 하든가 염불을 하든가 주력을 할 때 지혜가 견고해지지요.

인간의 오욕락이 그 가치가 몇 푼어치나 되겠습니까. 세락후고世樂後苦라, 세상의 오욕락 뒤에는 괴로움이 따릅니다. 인간의 욕락은 순간에 좋은 것 같지만 그 자리가 독토毒土예요. 욕락에 취해 자기 인생이 영원히 떠내려간다면 그것은 참혹한 일입니다.

수행을 하는 뜻은 자기 생명을 발굴해 내는 것입니다. 수행하는 마음을 내지 않고 그저 욕망에 끌리는 대로 살면 보람이 없습니다.

학교생활에 낙제생이 있고 급제생이 있지요. 그렇듯 우리도 빈 주먹 쥐고 인간으로 태어나 인생이라는 학교를 다니는 겁니다. 그리고 졸업할 때 가져가려고 열심히 살지만 결국 무슨 감투를 가져가는 것도 아니고 보배를 가져가는 것도 아니고 그 무엇 하나 가지고 가는 게 없습니다.

그렇게 빈주먹 쥐고 와서 빈주먹 쥐고 가는 인생인데 무엇 때문에 오욕락에 집착합니까. 인간으로 태어난 이상 큰일을 하고 가야 합니다. 급제생이 되도록 해야 합니다.

아무리 다이아몬드가 좋다고 해도 이 몸하고는 바꾸지 않습니다. 그런데 그렇게 중요한 몸도 죽을 때 집어던지고 갑니다.

그러면 우리가 가지고 가는 게 무엇이겠습니까. 눈에 보이지 않고 만질 수도 없고 빛깔도 없고 냄새도 없는 재산 한 가지 가지고 갈 수 있지요. 그 재산은 업, 그것도 선업善業입니다. 내가 향상하여 습관이 된 것은 꿈을 꿀 때에도 가지고 가지요.

그러니 급제생이 되어 좋은 세계로 향상한 사람은 그런 사람들끼리 모여 천상의 세계를 이룰 것이고, 남에게 피해를 주고 남의 눈에 피눈물 나게 해서 낙제생이 된 사람은 인간 이하로 떨어져 지옥에 가든지 축생이 되든지 하겠지요. 바른 정신세계를 향상시키는 것이 부처님의 가르침이고, 부처님의 가르침으로 세상의 진리를 구현하는 것이고, 진리를 구현하는 것이 내 인생을 완성하는 것입니다.

그래서 부처님의 가르침으로 상구보리上求菩提 하화중생下化衆生이라, 보리심을 구하고 모든 중생을 측은히 여겨 구제하지 않을 수 없다는 것이지요. 이렇게 해서 내 개인 수행을 통해 이 사회를 정화해 나갈 수 있는 것입니다.

제4장

참선의 원리

참선의 원리

우리가 살면서 배움을 통해 지식을 넓히거나 종교를 믿고 철학을 연구하는 것, 이 모든 노력이 결국 인생을 진지하고 참되게 살기 위해서가 아니겠습니까. 참선은 바로 이런 어떻게 사느냐는 문제를 집중적으로 해결하는 뛰어난 수행법입니다. 인생 문제를 떠난 기이하고 신비로운 것을 추구하는 것이 참선이 아닙니다. 바른 참선 수행을 위해 오늘은 참선의 원리를 이야기하고자 합니다.

올바른 참선을 이루는 기본 요소 세 가지가 있습니다.

첫째, 대신심大信心. 마음이 정비되어야 합니다. 마음을 반드시 깨칠 수 있다는 확고한 믿음, 이 문제를 반드시 풀어봐야겠다는 마음의 정립이 이루어져야 합니다.

둘째, 대분심大憤心. 크게 분한 마음을 일으켜야 합니다. 멍청하게 주변에 끌려가며 나를 빼앗기고 살자니 분통 터질 일이 아니겠습니까. 그런 분한 생각을 일으켜야지, 막연하게 있어서는 육도 삼계에 떠내려가는 생활을 걷잡을 수 없지요.

셋째, 대의심大疑心. 모든 것이 의혹 아닌 것이 없어야 합니다. 평범하게 남들 사는 대로 살면 그저 밥 먹고 세수하고 옳으니 그르니 하면서 정신없이 하루를 보내고 그렇게 백 년을 살아도 별 수 없습니다.

내 삶은 누가 대신 살아주는 게 아니라 바로 내가 사는 것입니다. 웃는 것도 내가 웃는 것이요, 우는 것도 내가 우는 것이고, 성내는 것도 내가 성내는 것입니다. 그러한 나를 응시하고 파악할 수 있어야 합니다.

자기 중심을 붙들고 진지하게 살펴보면, 먼지 하나 풀 한 포기 물 한 방울에 대해서도 아는 것이 하나 없고, 내 삶 또한 어디서 와서 어디로 가는지, 온갖 만물이 그저 다 의심 덩어리입니다.

이처럼 확고한 마음의 정립, 분통 터지는 격렬한 생각, 고정관념에 매이지 않고 만물에 대해 일으키는 진지한 의심이 있지 않고는 참선을 할 수 없습니다. 천차만별로 이루어진 만물의 근본이 무엇이냐 물었을 때, 아무런 대답도 할 수 없어 꽉 막히는 것, 내가 아무것도 모른다는 것, 그것이 참선의 출발입니다. 그러나 말이 쉽지 문제 하나에 생각을 집중해 모은다는 게 한순간에 이루어지는 게 아닙니다.

우리는 생활에서 모순과 갈등을 느끼고 무언가 내 뜻대로 안 될 때 성현의 말씀에서 해답을 찾으려 합니다. 그러나 그 같은 성현들의 인생철학이 정연하게 설명되어 있는 팔만사천대장경의 세계도 초탈해 들어서는 것이 참선입니다.

그래서 참선할 때에는 뭘 배우겠다는 생각도 없고 어떤 이론도 필요 없다는 경지에 이르러야 합니다. 그렇게 될 때 비로소 가고 오고 앉고 서고 먹고 입고 말을 할 때, 심지어는 싸움을 할 때에도 마음이 정돈되어 하나로 모아지는 것입니다. 이것이 안 되면 사상적 혼란이 와서 따지고 분별하는 마음으로 갈팡질팡하게 됩니다.

그래서 참선에서 가장 중요한 것이 모든 이론이나 철학 등 인간 지식을 정리해 다시는 방황하지 않는 마음의 안정을 얻는 것입니다. 그것이 모든 의심을 하나로 귀착시키는 것입니다. 그런 경지는 물론 한순간에 이룰 수 없습니다. 그만큼 이론에 대한 정리를 위해 공부도 하고 토론도 해야 합니다.

예를 들어 내 인생이 어디서 왔느냐를 생각해 봅시다. 좀 둔한 사람은 부모, 조부모로부터 소급해 인류 역사 최고까지 생각해 본 뒤에야 '아, 내가 모르고 있구나.' 하는 결론을 얻습니다.

하지만 생각을 철저히 하는 사람은 대번에 그것을 깨닫고 '모른다'에서 출발합니다. 실로 만물이 다 그렇습니다. 그러니 오나가나 내 인생 전체의 문제, 생사의 문제 그것 하나가 딱 걸려서 놓으려야 놓을 수 없고 놓아지지도 않는 것입니다. 그런 것이 화두입니다.

하지만 이론 체계도 서지 않고 모든 의심이 귀착된 그런 경지도 아닌 상태에서도 참선을 할 수 있습니다. 그것은 바로 일체를 믿어버리는 것입니다. 무슨 지식을 배우지 않았더라도 스스로가 도인이 되어 생사 문제를 반드시 해결할 수 있다고 무조건 믿고 시인하는 것으로 이 꽉 막힌 문제와 맞닥뜨리는 것입니다. 많이 알되 더 이상 나아갈 수 없는 백척간두에서 이론적으로 꽉 막히는 것이나 무조건 막히는 것이나 막히는 건 마찬가지입니다. 화두란 결국 이렇게 꽉 막히는 것입니다.

옛날 혜가慧可 스님이 달마達磨 스님을 찾아갔을 때의 이야기입니다.

"제가 괴로워서 못살겠습니다."

"그래? 그러면 그 괴로움을 없애줄 테니 어디 그 괴로운 마음을 내놓아 보아라."

혜가 스님은 괴로운 마음을 안팎으로 열심히 찾아보았지만 없거든요.

"아무리 찾아봐도 찾을 수가 없습니다."

"그러면 내가 이미 괴로운 마음을 다 풀어주었노라."

아무리 찾아도 없는 마음 때문에 왜 괴로워하느냐는 것이지요. 우리가 어떤 고통을 당할 때에도 정신없이 밖으로만 헤매니 그 고통이 그치지 않는 겁니다. 괴로운 자리를 응시해서 돌이켜 보면 실로 괴로움이란 없습니다.

이 괴로움이 일어나는 원인이 바로 무명, 밝음이 없기 때문입니다. 무명이란 쉽게 말해서 착각이지요. 본무생사本無生死라는 말이 있습니다. 나고 죽는 것이 본래 없는 그 도리만 알면 문제가 다 해결되는데 바깥 그림자에 속아 이것을 보지 못하니 밖으로만 헤매는 것입니다.

중생이란 부처가 있으니 생겨난 말이요, 산다는 것 또한 죽음이 있기에 생긴 말입니다. 결국 착하고 악하다 하는 모든 시비가 전부 상대적인 것이어서 관념 속에 물거품처럼 일어난 것입니다. 세계가 이런 허상임을 알 때 어떠한 경계에도 흔들리지 않고 태연자약하게 인생을 살아갈 수 있습니다.

그러나 이런 원리를 몰라 희로애락 온갖 것에 걸려 쩔쩔매고 생로병사에 걸려 방황하는 게 중생입니다. 한 생각 바로 보고 살면 이것이 부처의 세계인 극락정토요 법열과 삼매의 세계고, 한 생각 미혹할 때 천당·지옥·아수라·축생 등 온갖 세계가 일어나는 것입니다.

화가 났을 때를 한번 생각해 봅시다. 가슴에는 불이 펄펄 나고 앞뒤가 깜깜한 것이 이성을 잃습니다. 자기가 죽는 것도 사양 않고 끝까지 싸워 칼부림까지도 합니다. 그것이 탐진치 삼독입니다. 이처럼 독약과 같은 탐심·진심·치심도 생각을 응시해 살피면 본래 없는 것입니다. 어떠한 일이든 집중해서 근본을 돌이켜 비추어 회광반조하면 본래 공한 이치를 깨닫게 됩니다.

밖의 세계에 꺼들리지 않는 자기 주체, 그것을 대경천차對境千差

나 심한일경心閑一境이라 합니다. 경계를 대하는 것은 천 가지 만 가지나 그런 어지러운 세계에 처했을 때에도 마음은 항상 근본인 공한 곳에 한가히 있다는 뜻입니다.

복잡한 속에서도 한가한 마음을 지킴으로써 지혜가 생깁니다. 자기중심을 잃어버리는 것에서 온갖 고통이 생기니, 불교는 자기를 잃고 헤매는 꿈을 깨라고 합니다. 자기를 발견하는 것, 아무것에도 구애받지 않고 명랑한 자기를 발견하는 것이 불교입니다.

흔히 아무 생각 없고 희로애락이 없으면 돌덩이나 허공처럼 무정물이 되지 않나 하고 생각할지 모르나 모든 생각이 없어질 때만이 영원히 멸하지 않는 본마음의 고향을 발견하게 됩니다. 이것이 부처고 열반이고 삼매이며, 그러한 정신이 응결될 때 세상 모든 경계에 동요없이 살아갈 수 있습니다.

그래서 옛 선지식들은 자기 인생을 자기가 사는 것, 이것을 진리라고 했습니다. 존비귀천이나 차별없는 절대 평등이 불교이며, 그것이 천상천하유아독존입니다. 하늘 위나 하늘 밑이나 내가 제일 존귀하며 우주의 창조주는 바로 내 자신입니다.

불교에는 인과 법칙이 있습니다. 내가 씨를 뿌린 대로 세계가 열립니다. 악을 뿌리면 악이 열리고 선을 뿌리면 선이 열립니다. 그리고 아무 종자가 없는 것을 뿌리면 선악을 초월한 부처의 세계가 열리니 이것이 곧 해탈의 생활입니다.

인간의 지식이란 제아무리 많다 해도 한계가 있는 것이니, 혹

천하의 이치를 밝게 안다 해도 나를 모르면 해결이 안 되는 것입니다. 무엇인가 안다는 것은 내 저울대로 재는 것인데, 그 내 저울대도 파악하지 못한 채 어떻게 정확한 판단이 나오겠습니까.

삶이란 꿈속을 사는 것과 같아서 우리의 저울대는 중생 세계의 희로애락을 재는 저울대지 부처 세계를 재는 저울대가 아닙니다. 결국 아무리 돌아봐야 중생계를 벗어나지 못하고 잠꼬대 같은 알음알이를 측량하는 것밖에 안 되니 꿈을 깨라는 것입니다. 꿈을 깬다는 것은 내 인생을 옳게 살자는 것이니 참으로 하루를 살더라도 알고 사는 것, 이것이 불교입니다.

불교는 맹목적인 신앙이 아닙니다. 불상을 모셔놓고 절을 하는 것은 위대한 스승으로서 존중하는 것이지, 우주 만물을 창조하는 신에 의존해 구원을 얻는 것과는 180도 다른 것입니다. 우리에게 높은 정신세계를 가르쳐주셨고 내 스스로 부처가 될 수 있는 방향을 제시해 주신 부처님께 감사의 뜻으로 예를 갖추는 것이지 절대적인 신앙이 아닌 것입니다.

참된 신앙은 참된 진리를 믿는 것입니다. 이러한 까닭에 불교는 세상 모든 중생의 어둠을 구석구석 밝히는 지혜의 등불입니다.

베트남에서는 많은 스님들이 불교 탄압에 맞서서 분신을 했습니다. 서양 사람들은 분신을 한 스님들이 불길에 휩싸인 채 조금도 흐트러지지 않고 합장하고 앉아 있는 것을 보고 큰 충격을 받았다고 합니다. 단 하나뿐인 생명을 없애는데 어떻게 그렇게 원만하게 갈 수 있느냐는 것입니다. 그들의 상식으로는 이해가 안 되는 것이지요.

인도의 갠지스 강가에서도 피골이 상접한 몰골로 두 눈이 빛나고 방황함이 없이 죽음을 준비하는 사람들을 만날 수 있습니다. 그러한 모습을 보면, 진정한 문화인은 여기에 다 모였다는 생각이 듭니다.

소위 문화국임을 자처하는 과학이 발달한 나라에서는 하루에도 수십 명씩 남의 목숨을 빼앗아 자기 욕심을 채웁니다. 굶주려서 그런 행동을 하는 게 아니라 얼굴이 피둥피둥 살찐 사람들이 그러니, 그것이 참으로 사는 것이라 할 수 있을까요. 그런 삶은 평생을 살아도 고깃덩어리로 꿈틀거리는 산송장이지 한 찰나도 인간으로서 산 것이 아닙니다. 갠지스 강가에 앉아 죽음에 초탈한 저 마른 사람이야말로 살아 있는 사람이지요.

옛날 공자님도 "아침에 도를 얻으면 저녁에 죽어도 좋다."고 말씀하셨습니다. 오늘날의 서양 문화는 거꾸로 된 문화입니다. 이런 거꾸로 된 문화가 자꾸 발달하기 때문에 인간은 고민 속에서 살게 됩니다.

만반장불거萬般將不去요 유유업수신唯有業隨身이라, 일만 가지를 가져가지 못하고 오직 업만 따라간다. 일만 가지란 세상에 있는 온갖 것이니, 세상에 올 때 재물이나 감투를 가지고 나온 아이도 없으며 갈 때 뭘 들고 가는 사람도 없습니다. 오직 자기의 업만을 가지고 갑니다. 평생 동안 우리가 한 행동이 모두 업입니다.

내 정신을 잃어버리고 꿈속에서 사니 업의 굴레를 벗지 못하는 것입니다. 내 본래면목을 찾으면 삽시간에 꿈도 깨집니다. 참선을 통해 자신을 아는 것은 불빛이 비치면 어둠이 사라지는 것과 같습니다.

내 마음 한번 밝으면 일체가 다 천당이요 극락이니 이 사바세계를 여의고 따로 극락이나 불국토가 있는 게 아닙니다. 일체 명상名相이 끊어진 자리이니 우주 전체를 포용할 수 있습니다.

흔히 불교가 쇠했다든가 성했다는 말을 하는데, 자기가 열심히 하지 않고 껍데기만 보니 그렇지 진리가 쇠하고 성하는 게 어디 있습니까. 부처님의 진리를 받아들일 때 바로 이곳이 부처님 국토가 되는 것이지 진리가 어디 따로 감춰졌다 나타났다 하는 게 아닙니다. 이렇게 간단명료한 것이 불교 철학입니다.

그러므로 가만히 정진만 하면 참으로 위대한 힘이 생깁니다. 한 끼 밥을 안 먹어도 배가 부르고 뭘 많이 갖고 있지 않아도 푸근한 마음이 됩니다. 모든 삿된 생각이 없을 때 마음속에 법열이 생기고 희열이 생기는 것입니다.

나날이 쌓여가는 수행의 힘

어떤 사람이 떡을 사먹었는데 한 개 먹으니 배가 안 부르고 두 개 먹고 세 개 먹고 여덟 개 아홉 개를 먹어도 배가 안 부르다가 열 개째 먹으니 배가 불렀습니다. '아하! 내가 떡을 잘못 사왔구나. 이게 배부른 떡인데, 이 배부른 떡 하나만 사먹었으면 될 건데.'

이것은 ≪백유경百喩經≫에 나오는 어리석은 사람에 대한 이야기입니다. 한 개씩 한 개씩 열 개까지 먹었으니 배가 부른 것인데, 열 개째 떡을 먹어서 배가 부른 것이라 생각하니 참으로 어리석지요. 무엇이든 첫술에 배부르지 않습니다. 먹은 것만큼 쌓여 배가 부르게 되는 것이지요.

참선도 이처럼 대번에 이루어지는 것이 아닙니다. 마음을 쉬고 생각을 버리고 이 몸뚱이까지 집어던지라 했지만 가만히 앉아 정진하다 보면 노력하는 방향과는 반대로 그전에 잊었던 생각까지도 다시 일어납니다. 이상하지요. 참선을 하면 아무리 마음을 쉬려고 해도 그 옛날 젖 먹을 때 일까지 떠오른단 말이에요. 오히려 참선을 안 할 때에는 머리가 둔한 듯해도 별 망상은 없는 듯한데 한 시간이든 두 시간이든 골똘하게 참선을 하면 온갖 생각이 일어납니다.

그것은 마치 맑은 날 아침에 창틈에 햇빛이 비치면 안 보이던

本來非皂白

西庵

먼지까지 바글바글하게 보이는 것과 같은 이치입니다. 햇빛 때문에 먼지가 모인 것일까요? 아니지요. 어둠 속에 숨어 있던 수많은 먼지가 햇빛이라는 밝은 빛에 드러나 보이는 것이지요. 그렇듯 참선을 하면 우리의 마음도 밝은 기운이 비추어 잊었던 생각까지 상념으로 떠오릅니다.

그런데 사람들은 이렇게 참선을 하다가 잊었던 기억까지 일어나니 '모든 생각을 쉬라 했는데 생각이 자꾸 일어나니 이거 안 되겠구나.' 하고 포기하곤 합니다. 그래서는 안 됩니다. 비록 온갖 망상이 일어나더라도 망상에 따라가지 말고 화두에만 몰두하세요.

망상 일어나는 것을 걱정해서 망상을 없애려 하면 오히려 망상을 일으키지 말아야지 하는 망상만 하나 더 보태는 꼴이 되지요. 흙탕물도 가만히 두면 가라앉을 텐데 이것을 가라앉히려고 자꾸 휘저으면 더 흐려지는 것과 마찬가지 이치입니다. 그렇게 망상을 제하려다 제할 망상만 하나 더 보태지 말고 화두에만 몰두해야 합니다.

화두를 자꾸 하면 바글바글 끓던 먼지가 가라앉듯이 망상도 사라집니다. 그렇게 어지러이 일어났던 환란 분별도 화두에 몰두하다 보면 나중에는 모두 가라앉기 마련이고 그때는 한 생각도 없이 명경지수로 뚜렷한 자기 면목이 나타납니다. 처음부터 안 된다고 하지 말고 자꾸 노력하면 그런 경지를 경험할 수 있습니다.

만공滿空 스님이 정혜사에 계실 때 제자 중에 대학 나와서 사회활동을 하다 승려가 된 사람으로 인물도 잘생기고 키도 훤칠한 사람이 있었어요. 큰스님은 그 사람에게 공부를 시키면서 저녁 9시에 잠을 자게 했어요. 9시라고는 하지만 이부자리 펴고 잠잘 준비하다 보면 9시 30분이나 되어야 잠을 잘 수 있었지요.

일어날 때도 마찬가지로 3시 30분 전에 일어나야 세수하고 예불에 참가할 수 있으니 실제로는 5시간밖에 못 자는 것입니다. 보통 사람들은 하루 8시간은 자는데 절에 와서 겨우 5시간밖에 못 자니 그 사람은 도저히 못 견디고 숨어서 도둑잠을 잤습니다.

그래서 나이가 많은 편인 내가 왜 그렇게 잠을 자느냐 하니 그 사람은 짜증을 내면서 자기는 8시간은 자야 되니 잔소리하지 말라는 것입니다. 아직은 출가하기 전 생활이 그 사람 머릿속에 꽉 차 있었던 것이지요. 내가 보기에 이것을 고치지 않으면 공부가 안 될 것 같아 다음날 아침 같이 산으로 산보를 가자고 했습니다.

그렇게 해서 그 사람은 자기 소리 하고 나는 내 소리 하는 논쟁을 해 3일 만에 결국 항복을 받았지요. 그 사람은 감정으로 말하고 나는 부처님 말씀을 그대로 말했으니 이론적으로 월등한 불교 철학을 어찌 당하겠습니까. 그렇게 해서 우리는 서로 친해졌지만 그의 도둑잠은 그 뒤로도 계속되었습니다. 벌써 40년 가까이 되는 일이지요.

한번은 만공 스님이 선원으로 내려오셨는데 큰스님도 오셨으니 일주일은 용맹 정진을 하자고 산중 지원자를 모아 큰 방에서 정진을 했습니다. 용맹 정진이란 잠을 전혀 안 자고 하는 수행인데, 보름이고 삼칠일이고 못 견딜 것 같은 이런 수행을 한 고비씩 치르고 나면 지혜가 생기지요.

그때는 비구 스님보다 비구니 스님의 지원이 더 많았습니다. 사오십 명의 스님들이 방 한가운데에 선을 긋고 비구니는 아랫목에 앉고 비구는 윗목에 앉아 정진을 했습니다.

나는 그 스님에게도 용맹 정진에 지원하라고 권유했습니다. 스무 살 안팎의 젊은 비구니도 하는 정진인데 대장부가 큰소리만 치고 이론만 공부하면 무슨 소용이 있느냐. 공부란 입으로 하는 게 아니라 행동으로 하는 것이라고 충고를 했거든요.

결국은 그 스님도 지원을 했는데 도둑잠을 자던 사람이 전혀 잠을 못 자게 되니 눈이 새빨갛게 충혈이 되고 죽을 지경이었지요. 용맹 정진을 처음 한다고는 해도 나이도 많은데다 큰스님 상좌라 큰소리만 쳐놓고 실제로는 젊은 비구니들조차 당해내지 못하니 양심에 부끄러운 일이 아니겠어요. 그가 도저히 못 견디겠다는 것을 그러면 차라리 죽어버리라고 화를 돋워 오기로라도 하게 했지요.

졸음이 오는데 못 자게 하는 것은 보통 어려운 일이 아니지요. 조금만 방심해도 눈이 감기고 오줌 누러 가서도 처박혀서 쿨쿨 잠을 잡니다. 어떤 사람은 탁자 모서리에 탁 부딪쳤는데도 잠이 덜 깨 어느 놈이 날 치느냐고 성을 내기도 하니 곁에서 보면 우스운 일도 많지요. 그러니까 감시하는 사람이 세밀하게 살펴 무섭게 단속하지 않으면 잘못해 길을 가다 언덕으로 떨어져 다칠 수도 있습니다.

졸고 있을 때에는 보통 죽비로 건드리게 되는데, 대개는 정신을 차렸다가도 죽비가 지나가면 곧바로 다시 졸곤 하지요. 그러면 20분이고 30분이고 그 사람 앞에서 죽비로 건드립니다.

이렇게 해서 일주일을 채우게 되는데, 한 4일 지나가면 좀 견딜 만해지고 5일 지나면 좀 더 나아집니다. 그렇게 일주일의 용맹 정진을 마치면 5분 동안 자게 하는데 모두 푹 쓰러져 그동안 참았던 잠을 자되 5분이 지나면 죽비를 쳐서 깨웁니다.

그렇게 용맹 정진을 끝내고 나니, 뒷방에서 도둑잠을 자면서도 항상 잠이 부족해 찌뿌듯하다던 그 사람도 5분 눈을 붙이고도 눈이 샛별처럼 반짝이고 기분이 그렇게 맑은 적이 없다는 것입니다. 그 후로는 도둑잠을 자던 버릇도 없어지고 밤에 잠을 자다가도 중간에 일어나 떡 가부좌를 틀고 정진하더군요. 이와 같이 일주일 정진하고 나더니 잠자는 것만이 아니라 완전히 인생이 전환된 것입니다.

참선을 할 때 몸과 마음을 태평양에 집어던지라고들 말합니다. 그것은 망상을 쉬라는 뜻입니다. 우리의 집착 중에는 몸에 대한 애착이 가장 큽니다. 그래서 죽은 뒤에도 송장에 귀신이 붙는 것이지요. 이미 생명이 사라진 육신에조차 애착이 안 끊어지는데 살아 있는 몸에 대해서야 그 애착이 쉽게 떨어지겠습니까. 그러니 바다에 집어던지라는 것입니다.

　이런 정신으로 자꾸 이 몸이 무엇인가, 부모가 낳아주기 전의 본래면목은 무엇인가를 생각하다 보면 결국에는 몸도 잊고 시간과 공간도 사라져 의심이 일념이 되는 경지에 이르게 됩니다. 그런데 여기서 현상적으로는 몸도 편안하고 마음도 편안하니 일념이 된 듯하지만 실제로 아직 일념이 안 된 경우가 많은데 이것은 잠재의식까지는 아직 일념이 안 되어서 그렇습니다. 현상적인 일념에서 나아가 마음속 깊이 숨어 있는 잠재의식까지 모두 일념이 될 때까지 참선을 지속해야 됩니다.

　참선을 해서 의식이 밝아지면 간혹 기이한 능력을 발휘하기도 하는데 그런 것에 빠져서는 안 됩니다. 풀밭을 무심히 가는데 거울에 비치듯이 퍼뜩 뱀 생각이 떠올라 발밑을 보면 뱀이 있는 것을 아는 경우가 있지요. 이것은 의식 밖의 밝은 마음이 작용하는 것이라 할 수 있습니다. 이것을 보통 영감이라 하지요.

이런 마음의 눈은 어떤 것에도 구애됨이 없으므로 가만히 앉아 정진을 하면서도 문 밖 세상을 훤히 알고 누가 백 리 밖에 오는 것도 볼 수 있습니다. 사람들은 흔히 이런 것이 도인 줄 아는데, 이것은 혼란스럽고 산란함이 없어져 마음이 조금 맑아진 것에 불과합니다. 그러니 어떠한 경우에도 그런 것을 신비하게 여기며 속아서는 안 됩니다.

그래서 채찍질해 주고 바르게 인도할 지도자가 필요합니다. 이러한 지도자의 지도가 없을 경우 조금만 신기한 현상을 보고도 정신에 착각을 일으켜 내가 무슨 보살이다 하여 그것에 빠지게 됩니다. 이런 현상은 식심이 쉴 때 나타나는 것입니다.

어지럽고 산란했던 정신이 맑아지고 잠자리도 편해져 짧은 시간을 자더라도 푹 자게 되는 것, 현상을 바르게 인식하고 살아가는 데 여유가 생기고 몸이 편안하고 일을 처리하는 데 사리가 분명한 것. 이처럼 비록 커다란 도를 깨우치지 않아도 바른 자세로 참선을 하면 우리 생활에 구체적인 도움이 있습니다. 신비한 능력을 구하는 것이 참선의 목적이 아니니까요.

그런데 때로는 참선을 오래할수록 화두가 안 된다고 생각될 때가 있지요. 그러나 그것은 오히려 참선을 잘하고 있다는 증거입니다. 참선을 안 한다면 된다 안 된다는 생각조차 없을 터이니 안 된다는 소리는 애쓴다는 소리이기 때문이지요. 그러니 안 될 때 화가 나고 답답하더라도 안 되는 그 과정이 오히려 되어가는 과정임을 알아야 합니다.

　혼미한 의식을 갖고 복잡한 사회를 살아가는 사람들에게 참선 수행이 금방 익숙해져 생활에 자리 잡긴 어렵지요. 그러나 헛된 망상을 버리고 삶의 참모습을 구하기 위해 꾸준히 노력하면 알게 모르게 수행의 힘이 쌓여 결국에는 확신에 차고 자유로운 경지를 얻게 됩니다. 한두 번 해보고 안 된다고 물러나거나 신기한 것만 좇아 또 다른 망상에 꺼들리지 말고 더없이 밝은 본래 모습을 찾기에 힘쓰는 것이야말로 참선 수행의 바른 자세임을 알고 행해야 합니다.

모두를 하나로 꿰뚫는 참선의 이치

참선하는 방법은 어느 정도 알고 계시겠지요. 그러면 오늘은 참선을 제대로 해보겠어요. 잘 못하는 사람은 제가 돌아다니며 죽비로 좀 때리겠습니다. 그렇다고 불평하지 마시고 한 번씩 맞아두면 좋지요.

참선하면서 조는 것은 물에 떠내려가듯 세파에 떠내려가는 것이거든요. 그때 죽비로 건드려주는 것은 떠내려가는 것을 건지는 것이지요. 자, 그러면 자세를 가다듬도록 해요. 이제 입정합니다.

딱! 딱! 딱!

여러분은 30분도 채 안 했는데도 벌써 못 견뎌 하시지요. 우리 스님들은 한 번 앉으면 보통 3시간 정도는 하지요.

조금 더 한다는 것이 참 괴롭지요. 괴롭다 싶으면 '아이고, 참선은 내가 할 수행법이 아닌가 보다.' 하고 지레 안 하려고 꾀를 내는데 조금만 더 꾸준히 하면 바른 경계를 얻게 됩니다. 평소 생활에 익숙하지 못해서 그렇지 꾸준히 해서 익히면 세상을 살아가는 데도 마음의 여유가 생기고 이보다 더 좋은 수련법을 찾기도 어렵습니다.

보통 사람들은 세상을 살아가면서 쫓기듯 마음을 조급히 하고 다른 사람이 나를 어찌 볼까 해서 항상 옆을 살피고 불안해하지요. 그러나 참선하는 사람은 그런 것이 없습니다. 누가 칭찬한다고 해서 내 인생에 털끝만큼도 보태질 것이 없고 누가 헐뜯는다고 해도 내 인생이 뿌리째 뽑혀나가는 것도 아니라는 것이지요. 그렇게 살아갈 때 마음이 한가하고 쾌활하고 여유가 생기지요.

그런데 세상 사람들은 남의 눈을 의식해서 억지로 살피고 꾸미고 하니 얼마나 괴롭겠습니까. 툭 털어버리고 천진난만하게 살아가야지요. 참선을 하면 그렇게 됩니다.

보통 우리에게는 성을 안 내고 산다는 것 하나만으로도 신앙이 될 수 있습니다. 누구든지 성 안 내고 살면 좋다는 것은 상식이지요. 성내는 얼굴을 거울에 비춰보면 그 모습이 아주 보기가 싫지요. 아마도 여간 괴팍한 성질이 아니라면 성낸 얼굴을 좋아할 사람은 없을 겁니다. 성내는 마음은 우리를 죽게 하는 삼독의 하나지요.

중생계의 고통을 없애고 일체 고통과 허물이 없는 불보살의 세계로 들어가는 방법인 육바라밀六波羅蜜도 우리 중생 속에 있는 탐진치 삼독심을 다스려 없애기 위해 필요한 것입니다. 사람들은 이 탐심·진심·치심의 세 가지 독약으로 죽어갑니다. 사람뿐 아니라 짐승의 경우도 뚜렷이 보입니다.

예를 들어 닭을 보세요. 그 닭이 아무리 싸움닭이라도 처음에 그냥 붙여놓으면 싸우지 않습니다. 그런데 곁에서 자꾸 성을 돋우면 이놈이 어리석어서 정작 뒤에서 화를 돋우며 조종하는 사람은 못 보고 눈앞에 있는 닭과 맞붙어 벼슬에서 피가 나도록 싸우지요. 또 일단 그렇게 싸울 때에는 아무리 떼어놓으려 해도 계속 싸우기 때문에 결국 둘 다 크게 다치거나 죽게 되지요. 이것이야말로 진심이라는 독약 아니겠어요.

밤이나 도토리를 먹고 사는 다람쥐의 경우도 보세요. 밤이나 도토리 같은 것을 발견했는데 누군가 그것을 치워버리면 다람쥐는 그만 화가 머리끝까지 치밀어 그 자리에서 파르르 떨다가 죽어버립니다.

탐심에 의해 진심이 커져서 그런 것이지요. 사실 며칠 굶는다고 죽지는 않을 텐데도 그래요. 또 찾아서 먹으면 되는데 탐심과 진심 때문에 그런 생각을 못 하고 어리석게 죽어가거든요.

아마 사람의 경우에도 이런 일을 종종 보셨을 테지요. 어떤 경상도 사람이 일제 때 일본군 부대에서 일을 했거든요. 그런데 그 사람이 관목을 한 트럭 싣고 군부로 가던 중에 일본이 항복해 광복이 되었다는 소문을 듣게 되었어요.

그러자 그 사람은 관목 실은 트럭을 곧장 자기 집으로 끌고 갔습니다. 차가 하나 생긴 것이지요. 마침 차를 살 사람이 있어 잘되었다 싶어 팔았지요. 공으로 생긴 차로 돈을 번 거지요.

그런데 문제는 차를 판 지 얼마 안 되어 차 값이 몇 배나 올랐다는 겁니다. 억울해하던 그 사람은 그만 화가 치밀어 화병이 들어 죽어버리는 웃지 못할 일이 있었지요.

이런 일들이 모두 탐심에 죽고 진심에 죽고 치심에 죽는 것이지요. 탐심이 크면 진심도 크고 진심이 크면 치심도 커서 어리석게도 허망하게 자기를 죽음으로 몰고 갑니다. 그래서 이것을 삼독이라고 합니다. 가만히 살펴보면 굵고 가늘고 작고 큰 차이는 있을지언정 탐진치 삼독이 우리 생활에 얼마나 많은 화와 해를 불러일으키는지 알 수 있지요.

탐진치 삼독은 연쇄적으로 얽혀 해독을 낳는데, 그 중 한 가지 진심만 안 일으키고 살아도 수행은 절로 됩니다. 그럴 수만 있다면 건강에도 좋고 말입니다. 성을 많이 내는 사람치고 건강한 사람 없지요. 성을 잘 내면 즉 진심을 잘 일으키면 특히 간경화증이 생깁니다. 성을 많이 내면 화낸 기운, 그 화기가 간을 스치게 됩니다. 한두 번은 잘 모르지만 오래 지나면 간이 굳어지는 경화증이 나타납니다. 건강을 위해서도 진심을 삼가야지요. 성을 안 내는 사람은 봄바람같이 편안하고 화평하여 잘 못 먹어도 오래 삽니다.

참선을 오랫동안 잘했던 백운白雲 선사에 대한 이야기 하나 하겠습니다. 스님은 여러 해 동안 참선을 익숙히 해서 화를 전혀 안 냈어요. 어느 정도인지 한 가지 이야기할게요.

스님은 이름 있는 선지식이라 법회 때면 수백 명의 신도들이 모이곤 했습니다. 그런데 하루는 신도 중에도 믿음이 크다는 한 사람이 성난 얼굴로 갓난아기를 안고 와서는 스님께 욕설을 하면서 '스님 아이니 스님이 아이를 키우라.'며 아이를 던져놓고 갔어요.

신도들은 그동안 계율을 잘 지키는 분이라고 스님을 존경했는데 그 광경을 보니 참 기가 막혔지요. 하지만 그렇게 신도들이 실망하고 의아해하는데도 스님은 아무 변명도 없었고 표정도 담담했어요.

결국 대부분의 신도들이 신심이 싹 가셔서 침을 뱉고 돌아서 가버리고 몇 명의 신도만 남았어요. 그렇게 신도들이 떠나버린 뒤에도 스님은 얼굴 하나 찡그리지 않고 배고파 우는 아기를 안고 마을을 돌아다니며 젖을 얻어 먹였습니다.

마을 사람들은 모두 스님을 고약하게 여겨 멸시하면서도 아기야 무슨 잘못이 있는가 하여 아기 기르는 아주머니들이 젖을 물려주었어요. 스님은 그렇게 멸시 속에 젖동냥을 해서 3년 동안 아기를 키웠습니다.

그런데 그 아이는 어찌된 아이인가 하면, 아기를 맡긴 신도의 딸이 낳은 아이였습니다. 아이 아빠는 그녀가 좋아하던 마을 총각이었지요.

옛날에는 처녀가 아기를 낳으면 집안 명예가 더러워진다고 해서 어떤 양반집에서는 아기를 죽이기도 했습니다. 그러니 딸 생각에 부모 꾸중도 두렵고 아기의 안전도 걱정되어 부모가 가장 신봉하는 스님 핑계를 대면 우선은 화를 면할 듯해서 그런 얕은 생각을 하게 된 것이지요.

그런데 스님이 그렇게 갖은 고생을 다하면서 아기를 키우는 동안 아기 엄마가 가만히 생각해 보니 참으로 자신이 몹쓸 짓을 했다 싶거든요. 그리고 아기 아버지도 있고 하니 평생을 그렇게 놓아둘 수도 없었지요. 그래서 3년을 미루다 부모님께 사실대로 고하게 됩니다.

사실을 알게 된 부모는 기가 막혔지요. 황급히 스님께 달려가 백배 사죄했습니다. 그러자 이번에도 스님은 두말 않고 아무 일도 없었다는 듯이 아기를 돌려주셨어요. 욕먹고 아기를 맡게 될 때나, 절 받으며 아기를 돌려줄 때나 그 태도가 똑같았습니다. 그것이 보통 사람에게는 어려운 일이지요.

그러나 참선을 해서 내 생명을 찾으면 그런 경계가 어렵지 않습니다. 왜냐하면 모든 사람이 칭찬한다고 해서 내 인생에 더 보탬이 되는 것도 아니고, 천하가 헐뜯는다고 해서 밝은 내 인생이 뽑히고 흔들리지 않음을 밝게 알기 때문이지요.

나는 언제나 홀로 가는 여행자입니다. 누구도 대신할 수 없는 나의 길에 대해 생각해 봅시다.

내가 밥을 먹어야 내 배 부르지 내가 바쁘다고 친한 사람한테 대신 밥 먹고 오라 한다면 어떻겠습니까. 밥 먹은 그 친구 배가 부르지 내 배가 부를 수는 없는 것이거든요. 그러니 모든 행동은 자기가 하는 것이지 누구도 대신해 줄 수 없습니다.

그런데도 사람들은 무슨 일을 할 때 그 일을 내 일로서가 아니라 남의 일을 해준 듯 생각합니다. 그래서 항상 남이라는 것 때문에 고달파하면서 그 수고에 따른 대가를 원하고, 그 대가를 받지 못할 때 불만에 차 괴로워하여 결국 복을 얻지 못하지요.

내가 밥 먹어서 내 배가 부르듯, 내가 하는 일이 바로 내 일이요 나를 위한 일임을 알아야 합니다. 그 원리를 알아야 내 일을 한 뜻도 알게 됩니다. 그렇게 되면 설령 누가 칭찬을 안 해도 누가 대가를 안 줘도 우주천지 인과의 원칙에 따라 대가를 받게 됨을 믿고 즐겁게 살게 되지요.

남의 일을 하려면 남의 눈치 보고 괴롭고 답답하여 몇 푼의 이

익과 칭찬이 있어도 큰 도를 얻지 못합니다. 불교의 원리만 밝게 알면 자타가 따로 없고 세상일에 내 일 아닌 것이 없어 무슨 일을 하든 내가 내 일 하는 것이지요.

    참선을 하여 삼독심을 다스리면 이렇듯 모두 하나로 꿰뚫는 이치가 보이고 흔들림 없이 의미 있는 삶을 살게 됩니다. 이처럼 실제 생활에 도움을 주는 것이야말로 참선 수행의 의미이니 불자는 꾸준히 익혀 무슨 일이든 맑은 정신을 갖고 대할 수 있어야겠습니다.

이심전심의 경계

선의 경지는 인간의 사량 분별이나 지식 상념으로 닿는 것이 아닙니다. 사실 부처님이 성도 후 열반에 이르기까지 45년 동안 하신 교화 설법도 그 근본은 우리에게 바른 선법에 들어가는 길을 일러주신 설명서인 셈입니다.

45년이나 말씀하셨으니 얼마나 많은 말씀을 하셨겠습니까. 그런 말씀을 실은 경전 모음이 팔만대장경입니다. 팔만대장경이란 끝없이 많은 부처님의 말씀을 모았음을 뜻하는 말입니다.

그런데 이렇듯 많은 말씀을 하시고도 부처님은 한 말씀도 하신 바 없다고 시침을 딱 떼셨습니다. 그런 모습은 ≪금강경≫에 잘 나옵니다. '만일 부처가 법을 설했다고 하면 그것은 부처를 비방하는 것이다.' 이 세상 어느 누구의 학설보다도 더 방대한 학설을 말씀하시고도 한마디도 하신 바가 없다 하셨으니 그 뜻이 무엇일까요.

참선은 바로 부처님의 그 뜻과 우리의 뜻이 결합하는 것입니다. 그것은 말이나 행동과는 상관없이 마음과 마음이 서로 그대로 비추는 것, 즉 이심전심의 경계입니다. 이 경계는 거울과 거울이 비추듯이 그냥 탁 보면 알아차리는 것입니다.

이렇듯 시간과 공간을 초월해 번득이는 자기 주인공이 확실히 있습니다. 그런데도 사람들은 근본 자기는 잃어버리고 꿈속을 헤

拔苦與樂

매는 그것이 자기인 줄 알고 거기에 매달려 모든 것을 사량 분별하고 판단합니다. 선이란 그 헛된 사량 분별을 깨고 자기 주인공을 향해 단도직입적으로 들어가는 작업입니다.

사람들 중에는 선에 대한 이 뜻을 무슨 소리인지 못 알아들어 이해 못 하고 그만 나오는 경우도 있고, 혹 이해를 해서 다 알아버렸기에 그 자리에 머물러 안 나오는 사람도 있습니다. 오늘 법문을 들으러 여기 모이신 분들도 그렇게 두 가지 유형으로 나눠지기 쉽지요.

'불교는 한 번 들어도 오히려 많다.' 이 말은 제가 선방에서 공부하는 이들에게 잘하는 말입니다. 한 번 듣는 것도 많은데 이렇게 자주 들을 필요가 없다는 것이지요. 영리한 이는 입 벌리기 전에 벌써 다 안다고 했습니다.

어느 외도가 부처님께 와서 말하기를 "말을 하지도 말고 말을 안 하지도 말고 한마디 이르시오."라고 했습니다. 쉽게 말해서 유有도 아니고 무無도 아니고 유무를 떠나서 한마디 이르라고 하니 부처님께서 아무 말씀도 안 하고 묵묵히 앉아만 계셨어요.

그 모습을 본 외도는 부처님께 절을 하면서 "부처님 은혜가 참으로 큽니다." 하고는 웃으며 돌아갔거든요. 옆에서 이 광경을 보던 제자가 부처님께 물었습니다. "부처님께서는 입도 벌리지 않았는데 그 외도는 뭐가 그렇게 은혜롭다 하며 절을 했습니까? 또 만면에 희색을 담고 돌아갔으니 그것이 무슨 도리입니까?"

이때 부처님께서 하신 말씀이 "양마는 채찍 그림자만 보고도 달린다."는 것입니다. 즉 지혜로운 말은 채찍으로 맞고 나서 달리는 게 아니라 그림자만 보고도 그 뜻을 알아 행한다는 것이지요.

사실 우리가 하는 불교는 듣는 것이 오히려 병인 경우가 많습니다. 금싸라기가 아무리 좋아도 눈에 들어가면 아프기만 하거든요. 아무리 좋은 얘기를 들어도 그 뜻을 알아 행하지 않으면 안 듣는 것만도 못 합니다. 옛날 조사 스님들은 선에 대해서 입만 벌려도 몽둥이질을 하고 고함을 질러 밀어내는 가풍이 있었습니다. 그 뜻을 바로 알고 참선 공부에 임하셔야 합니다.

우리가 보는 모든 것은 빛이 있고 모양과 색깔이 있고 정한 위치가 있습니다. 그런 것을 갖추지 않은 것이 있는지 생각해 보십시오. 없습니다.

아무리 작은 물건이라도 모양이 있고 냄새가 있습니다. 또 위치가 있어서 한 자리에는 두 개를 같이 놓을 수 없기에 처음 것을 밀어내야만 그 자리에 다른 물건을 놓을 수 있습니다. 또 작은 데다 큰 물건을 넣을 수 없고 모난 구멍에 둥근 것이 통하지도 않습니다. 이렇듯 세상 모든 존재는 나름대로의 한계를 갖고 있습니다.

그러나 우리의 주인공, 여기서 내 이야기를 듣고 있는 이 주인공은 빛도 모양도 냄새도 위치도 없습니다. 우리는 이것을 부득이 이름 붙여 마음이라고 합니다. 따라서 이 마음이라고 하는 것도 부호를 붙여놓은 것이지 그것을 마음이라 해서는 맞지 않는 것입니다.

사람에게 복돌이니 순남이니 이름을 붙이는 것도 그 사람을 지적하기 위한 것이지 그 이름이 곧 그 사람은 아닌 것과 같은 이치입니다. 그렇듯이 부득이 마음이다 불성이다 하면서 이름 붙여놓는 것이지 그것이 그 자리를 이르는 것은 아닙니다.

그 마음자리란 빛도 모양도 냄새도 일체 명상이 끊어진 자리입니다. 과거를 통해 이 우주가 생기기 전에도 있었고 미래에 우주가 부서져도 없어지지 않는 자리, 문자를 빌어 말하자면 생사를 초월한 자리지요.

그 자리는 바늘구멍이나 털끝같이 작으면서도 우주 전체를 삼켜버릴 만큼 큽니다. 이 조그마한 바늘구멍 같은 곳에 전체가 있으면서도 우주 삼라만상을 다 삼켜도 비좁거나 방해가 되지 않고, 또 조그마한 속에 있으면서도 온갖 진리와 이치를 다 갖추고 있어서 어떤 것도 다 응해줍니다. 누군가가 화를 돋우면 화를 낼 줄도 알고 누군가가 칭찬하면 좋아할 줄도 아는, 온갖 것에 다 반응하는 종자가 거기에 있습니다. 만법의 주장이 되는 것이 거기에 있으니 참 묘한 것이지요.

하늘과 땅과 사람을 삼재라 하는데 그것은 결국 우주 전체를 포괄하는 것이지요. 철학이니 문학이니 물리학이니 하는 인간의 살림살이를 만법이라 하는데 삼재가 바로 만법의 왕이요 제일의 주장이며 근본입니다. 그런데 그놈이 너무 커서 비유를 할 수가 없습니다. 비슷한 무엇이 있어야 비교를 할 텐데 이것은 워낙 커서 짝할 것이 없고 너무 넓어서 견줄 것이 없습니다.

우주가 생기기 전에도 있었고 우주가 부서져도 없어지지 않으니 참으로 묘한 것입니다. 또 밝기로 치면 한없이 밝아 못 볼 것이 없어 일월보다 밝고 어둡기로 치면 칠통같이 검어서 한 치 앞을 볼 수 없을 만큼 어두운데, 그것이 어디에 따로 있는 게 아니라 말할 때나 앉을 때나 누울 때나 설 때나 밥 먹을 때나 대소변 볼 때나 언제 어느 때든지 있습니다. 그런데도 그 정체를 모릅니다.

그래서 과거 조사 스님들이 '무슨 물건이냐?' 그랬지요. 듣고 보면 너무 허황해서 말이 안 되는 소리 같잖아요. 그런데 없는 거냐 하면 분명하게 있거든요. 붉은 것, 푸른 것, 산, 물, 일체 시비가 분명하니 없다고 시침을 뗄 수도 없습니다. 그래서 또 있다고 하려니 아무리 찾아도 이놈이 있는 자리를 찾을 수가 없어요. 현미경으로 들여다보고 해부를 하고 핀셋을 들고 아무리 찾으려 해도 찾을 수가 없습니다.

자, 그러니 이것이 있는 것도 아니요 없는 것도 아니요, 둥근 것도 모난 것도 아니요, 푸른 것도 붉은 것도 아니요, 착한 것도 악한 것도 아닌데, 이놈이 온갖 것을 다 창생해 냅니다. 슬픈 것도 만들어내고 기쁜 것도 만들어내고 붉은 것도 만들어내고 모난 것도 만들어내고 어두운 것 밝은 것도 다 만들어냅니다.

만일 그 바탕이 희다면 다시 검지 못할 것이고, 본시 둥근 것이라면 모나지 못할 것이고, 본시 착한 것이라면 다시 악하지 못할 것인데, 일체 상이 끊어진 것이니 만물을 다 총괄할 수 있는 바탕이 되는 것입니다. 이것을 부득이 이름 붙여 마음이라 부르는 것이지 어디 마음이란 게 있기나 합니까. 부득이 부르기를 마음이라 부르는 것이지요.

그리고 그것을 항상 가지고 있으면서도 방황하고 자기 인생이 어떻게 사는지도 모르고 오리무중으로 한없이 긴 시간을 떠돌아다니는 사람을 중생이라고 합니다. 하지만 이 정체를 알아낸 사람이 있습니다. 그 사람 이름을 부처라 합니다. 깨달아 알았다는 뜻이지요. 부처처럼 그것을 찾는 것이 참선입니다. 그래서 사실 참선을 설명한다는 것은 말이 안 되는 것입니다.

세상에서 아무리 똑똑하다는 사람일지라도 선방에 와서는 혀를 못 놀립니다. 과거 스님들도 입만 벙긋하면 방망이질을 하고 할을 하셨습니다.

직접 해보지 않고 따지고 생각해 봐야 그것으로는 다람쥐 쳇바퀴 돌 듯 시원한 대답을 얻지 못합니다. 아무리 똑똑해서 현상을 다 알고 판단하는 사람이라도 안 됩니다. 참선은 그처럼 꿈속을 헤매는 이론을 배우는 게 아니라 본래면목을 깨닫는 세계를 여는 것임을 알아 실제로 행해봐야 합니다.

꿈 밖의 얘기를 듣고자 하면 꿈을 깨야 합니다

　옛날 임제 스님은 황벽(黃檗) 스님 밑에서 3년간 행자 노릇을 했습니다. 도인을 만나야 도를 배울 것 같아서 도인이라 이름난 황벽 스님을 찾아가 높은 가르침을 받고자 그분이 밥을 하라면 밥을 하고 빨래를 하라면 빨래를 하면서 열심히 살았습니다. 마치 입속의 혀같이 큰스님이 시키는 대로 아무 불평 없이 행했어요.

　이렇게 큰스님 시봉하며 행자 생활을 한다는 게 보통 힘든 일이 아닙니다. 돈을 준다고 해서 그 품을 받을 수 있는 것도 아니고, 열심히 시봉 잘한다고 빗돌을 세워주는 것도 아니지요. 품 팔려고 일한 것이라면 하루 품을 아무리 많이 준다 해도 오래 못 버티고 금방 달아날 정도로 고되고 힘든 것이 행자 생활입니다.

　임제 스님은 왜 그런 힘든 행자 생활을 3년이나 자청해서 했겠습니까. 그것은 헛된 꿈을 깨고 일체 고통의 그물을 끊어버리려고 찾아온 자리였기 때문이지요. 스스로 부처가 되고자 결심하고 찾아온 자리이기 때문입니다. 마음이 답답하고 캄캄하여 괴로운데 큰스님이 이것을 해결해 줄 거라고 믿었기에 온갖 심부름을 하면서도 한마디 불평 없이 열심히 시봉을 들었습니다.

　그런데 사실은 그렇게 3년 일한 것이 바로 공부입니다. 품 받는 사람은 품 받기 위해 주인 눈치 봐가면서 일하지만, 이것은 자기 모습을 찾고자 자기 삶에 열중하는 일이기 때문에 일하는 가운데 공부가 되는 것입니다.

그렇게 3년을 일한 어느 날 하루는 한 도반이 임제 스님이 도인이 될 근기가 있어 보이는데 계속 일만 하는 것 같아 물었습니다.

"자네, 그동안 그렇게 열심히 살면서 무엇을 배웠는가? 혹 큰스님께 가르침을 받은 것은 있는가?"

뜻밖의 질문에 생각에 잠겼던 임제 스님이 대답했습니다.

"한마디도 배운 바가 없습니다."

"아니, 3년 동안 그렇게 열심히 일했는데 어찌 그럴 수가 있는가. 이 사람아, 오늘은 가서 꼭 여쭤보게나."

"뭐라고 여쭐까요?"

"아, 그거야 당신이 이곳에 성불하러 온 것이니 어떻게 하면 마음을 깨칠 수 있고 어떤 것이 부처의 도리인지 물어봐야지."

그 말을 듣고 임제 스님은 정신이 번쩍 들었지요. '그래, 내가 그동안 아무것도 배운 바 없이 시간만 보냈단 말인가.' 하면서 곧장 큰스님께 가서 절을 하고 물었습니다.

"어떤 것이 조사가 서쪽에서 오신 뜻입니까?"

그런데 이 말이 채 떨어지기도 전에 황벽 스님은 임제 스님을 주장자로 30방을 내리쳤습니다. 전혀 생각지도 못하고 앉아 있던 임제 스님은 그대로 맞을 수밖에 없었지요. 모처럼 가르침을 받고자 찾아간 스승님께 한마디도 듣지 못하고 매만 흠씬 맞아 머리에

혹이 잔뜩 나서 쫓겨났어요. 그래 눈물이 글썽글썽해서 나오는 임제 스님에게 아까 그 도반이 물었습니다.

"큰스님께서 뭐라고 하시던가?"

"한마디도 안 하시고 두들겨 맞기만 했습니다."

무엇인가 여쭤보라고 부추기던 도반은 이 소리를 듣더니 입을 꾹 다물고 아무 말도 안 했습니다.

임제 스님은 실컷 두들겨 맞고 나오니까 분하고 원통한 마음에 밥 짓는 것도 다 집어치우고 하루 종일 앉아만 있다가 잠도 안 자고 다음날 또 가서 물어봤어요. 오늘은 무슨 말인가 하시겠지 하고 찾아간 것이지요. 하지만 그날도 큰스님은 아무 말 없이 두들겨 패셨거든요.

그러기를 사흘 하고 나니까 슬며시 정이 떨어졌지요. 3년 동안 혼신의 힘을 다해서 종노릇을 했는데 자비스러운 말 한마디 못 듣고 두들겨 맞기만 했으니 지난 시간이 후회스럽기까지 했습니다. 그래서 이제는 아예 떠나고자 인사를 드리려고 큰스님을 찾아갔습니다.

"스님, 저는 가렵니다. 스님하고는 인연이 안 닿는 모양입니다."

그러자 큰스님은 붙잡지도 않고 말씀하시는 거예요.

"네가 가려거든 아무 데나 가지 말고 대우大愚 스님을 찾아가거라."

요즘 사람 같으면 화가 나서 떠나려는데 자기 마음 내키는 대로 가겠지만 그래도 임제 스님은 선지식이 나를 위해 일러주시는구나 싶어서 대우 스님을 찾아갔습니다. 일주문을 들어선 임제 스님을 보고 대우 스님이 묻습니다.

"너는 어디서 오는고?"

"황벽 스님 계시는 곳에서 옵니다."

"황벽 스님이 무슨 말을 하였는고?"

"제가 불법을 세 번 물었다가 세 번 모두 두들겨 맞기만 했습니다. 제게 무슨 허물이 있어서 그렇게 맞았습니까?"

"허허, 저런 사람을 봤나. 자네 스님이 노심초사하면서 그렇게 뼈아프게 일러줬건만, 자네가 지금 무슨 허물 있고 없고 그 따위 소리를 하는가!"

임제 스님은 대우 스님의 그 소리를 듣고는 꿈 깨듯이 탁 터졌어요. 남쪽에서 구름이 모여 북쪽에서 비 내리듯이 3년 공부한 것이 대우 스님의 말 한마디에 터진 것입니다. 3년 동안 크게 흐물흐물 곪아온 것이 한 날 한마디 건드리니 그 소리에 깨달았다는 이야기가 임제 스님이 공부한 이야기입니다. 이것이 바로 선의 도리입니다.

선은 말로써 할 수 있는 것이 아닙니다. 죽비 치고 가부좌하고 앉아서 마음을 깨치고 꿈을 깨야 합니다. 그런데 지금 우리는 꿈속 같은 머리로 꿈속 얘기를 잠꼬대처럼 듣고 있는 것입니다. 이 꿈 밖의 이야기가 깨친 세계요, 꿈 깨는 방법이 선입니다.

꿈 밖의 이야기를 듣고자 하면 꿈을 깨야 합니다. 그리고 이러한 잠꼬대 같은 세계를 정돈하는 것이 꿈 깨는 방법입니다. 하지만 사람들은 잠꼬대 같은 꿈속 세계를 놓치기 싫어 그놈을 붙들고 있으니 맑고 바른 삶이 안 되는 것이지요.

잠꼬대 같은 꿈속 세계를 벗어나는 방법으로 가부좌를 하고 참선을 합니다. 가부좌는 상서로운 앉음이라고 해서 길상좌吉祥坐라고도 하고, 마구니를 항복받는 앉음이라 하여 항마좌降魔坐라고도 합니다.

그런데 마구니는 밖으로부터 총을 메고 대포를 몰고 오는 것이 아닙니다. 욕심이 많으면 탐마貪魔, 성을 내면 진마瞋魔, 어리석으면 치마癡魔가 일어나 이 삼독의 마구니가 하루 종일 우리 살림살이에서 들끓는 것이지요. 우리가 둔해서 잘 살피지 못해서 그렇지 조금만 살펴도 삼독의 불이 타고 있다는 것을 알게 됩니다.

사람들은 욕심 속에서 갈팡질팡 헤맵니다. 요즘 노이로제니 히스테리니 하는 것들이 많이 생기는데 이것들이 모두 욕심이 치열하면 할수록 병세가 더 심해지는 것이거든요. 이런 증세로 괴로운 사람도 그냥 앉기만 해도 그 불꽃이 사라질 수 있습니다.

아무리 화가 나고 언짢더라도 결가부좌하고 앉으면 삼독의 불이 꺼져 그 기운이 사라지는 것을 알 수 있습니다. 불교에 대한 관심과 무관하게 요즘 서양에서 참선이 대중적으로 호응을 얻는 것도 그 때문이지요.

옛말에 "잠깐 동안 고요히 마음 밝히는 것이 도량이고, 그것은 칠보로 탑을 쌓는 것보다 공덕이 많다."고 했습니다. 금 하나만 가지고 탑을 쌓아도 큰 보배일 텐데 일곱 가지 보석으로 탑을 쌓으면 얼마나 큰 보배겠습니까. 그런데 그것보다도 공덕이 더 크다 했거든요.

왜냐? 아무리 좋은 보석으로 만든 것이어도 유상지물有相之物은 언젠가는 부서지기 때문입니다. 사실 많은 보물이 보배가 아니라 우리 이 몸뚱이가 보배거든요. 천금을 준다 해도 몸하고는 바꾸지 않으니 이 몸뚱이야말로 보배 중의 보배지요.

그런데 이 몸뚱이 역시도 평생 먹여주고 입혀주고 닦아주고 종노릇 해줘도 결국은 백 년 안쪽에는 썩어버립니다. 세상에서 제일가는 보배라는 몸뚱이도 그런데 칠보 같은 건 말할 나위도 없겠지요. 그러니 "한 생각 망상 피우지 않고 조용히 가누면, 본래 몸을 정신 차리는 그것이 종자가 되어 필경에는 성불하는 씨앗이 된다."고 하는 것입니다.

칠보로 탑을 쌓는 공덕이 아무리 크다 해도 그까짓것은 불교에서 말하는 유루복有漏福입니다. 그릇에 틈이 있으면 아무리 좋은 것을 담아둬도 다 새버리는 것같이 새어나가는 복일 뿐입니다. 이처럼 우리 몸뚱이를 비롯해 눈에 보이고 만질 수 있고 생각할 수 있는 것은 다 유루복입니다.

그러면 무루복無漏福은 뭐냐? 이것은 본시 생겨나지 않은 것입니다. 우주가 생기기 전에도 있었고 우주가 부서져도 없어지지 않습니다. 부모에게 몸 받기 전에도 있었고 부모에게 받은 몸이 부서져 없어져도 없어지지 않습니다.

종교적으로 말하자면 시간과 공간을 초월한 자리입니다. 태어남도 없고 멸함도 없는 본래의 내 바탕, 내 고향 자리입니다. 이것을 바로 볼 수만 있으면 모든 문제가 찰나 간에 다 해결됩니다. 몇 달 며칠 해서 얻어지는 것도 아니고, 그 자리를 한 번 돌이키면 그것이 곧 자기 전체입니다.

사람들이 어떠한 일을 한다고 하는 것은 대개가 다 새는 유루법입니다. 진정 새지 않는 무루법을 해야 참모습을 지킬 수 있지요. 새는 법도 시간적으로 보면 몇 해 동안은 지탱이 됩니다. 그 때문에 모두 그것에 탐착해 살아갑니다.

하지만 부처님은 시간이 가고 공간이 바뀌더라도 새지 않는 법을 찾으라고 말씀하셨습니다. 그것이 팔만대장경의 가르침입니다. 그러니 모든 설법이 그 길을 찾는 약방문입니다.

선시불심禪是佛心 교시불어敎是佛語라는 말이 있습니다. 선은 부처님의 뜻이고 경은 부처님의 말씀이라는 말입니다. 그런데 사실 이 말 이면의 뜻을 새기면, 부처님 말씀을 바로 보면 그 찰나에 선에 대해 눈을 뜨게 된다는 것을 말합니다.

절에 오면 먼저 딱 앉아서 참선하면서 마음을 고요히 가져야 합니다. 다른 사람이 말을 걸까 겁을 내야 됩니다. 언제 그 아까운 시간에 남의 얘기 듣고 있겠습니까.

가부좌하고 앉으면 영원히 빛나는 생명의 빛이 약동합니다. 모든 문제가 다 해결되는 자리가 그곳인데 괜히 남의 이야기에 시간 뺏길 틈이 없습니다. 이렇게 자신의 문제에 몰두하는 것이 선법입니다.

꿈 같고 그림자 같고 이슬 같고 번개와 같으니

육조 스님은 "마음속의 욕심을 쉬는 것이 계행이요, 마음의 온갖 복잡함을 쉬는 것이 정이요, 마음의 어리석음을 쉬어버리면 그것이 지혜"라고 하셨습니다. 불교 수행법인 계정혜 삼학은 따로 떨어져 행해지는 것이 아니지요. 계행을 지키지 않으면 정이 생기지 않고, 정이 생기지 않으면 혜가 생기지 않습니다.

그러면 계행이 뭐냐. 계행이란 인간의 욕락을 쉬고 절제하는 생활입니다. 예를 들어 화를 벌컥 내면 벌써 파계를 한 것이지요. 화를 내면 피가 동하고 탁해져서 열이 오르고 맥박도 빨리 뜁니다. 그만큼 마음에 파도가 일어난 것입니다. 그러면 마음에 안정이 생기지를 않지요. 또 누구를 미워한다든지 너무 좋아해도 역시 마음에 파도가 일어납니다. 이렇듯 화를 내는 것뿐 아니라 모든 감정이 극도로 일어나면 안정을 잃게 됩니다.

불교가 아닌 유가儒家에서도 중용지도中庸之道에 대해 말하기를 희로애락이 일어나기 전이 도에 가깝다고 했습니다. 극히 미워한다든지 극히 사랑한다든지 극히 좋아한다든지 뭐든지 극단으로 갈 때 마음의 안정을 잃습니다. 우리의 평소 경험을 돌이켜 보아도 그렇지요.

또 술도 많이 먹으면 안정을 잃기 때문에 부처님이 술 많이 먹지 말라고 그런 것입니다. 부처님이 술을 먹지 말라고 하신 본뜻은, 술을 먹는 게 죄악이라는 게 아니라 정신에 혼란이 와서 도를 이루는 데 장애가 되니 먹지 말라는 말씀입니다.

감정이 극단으로 흘러 마음의 안정을 잃으면 희로애락이 들끓고 정신이 허한 것이 마치 바다에 파도가 이는 것과 같습니다. 바람이 불고 태풍이 오면 바다에 파도가 일어 그림자가 나타나질 않습니다. 그러나 파도가 잔잔해지면 명경지수로 삼천 경계가 소소영영하게 비칩니다. 마찬가지로 우리 마음에도 파도가 일면 도에 못 들어갑니다. 그 파도를 재우는 것이 계행입니다.

그러려면 무엇보다 먼저 욕심이 적어야 됩니다. 밥도 배가 터지게 먹으면 당장 건강을 잃어버리지요. 모든 것을 중도로 적중히 해야 됩니다. 아무리 화가 나도 마음을 가라앉혀 이성의 힘으로 화를 자제하고 마음의 충격을 받지 않도록 다스려야 합니다. 물론 인간이 오래도록 키워온 오욕락을 단번에 끊을 수는 없겠지만 우선은 그것을 철저히 자제할 줄 알아야 되겠지요.

만약 계속해서 오욕락에 팔리고 거기에 섞여 산다면 자기 인생이 영원히 밝지 못하고 허둥지둥 헤매게 됩니다. 이것을 벗어나 도를 이루기 위한 근본이 계입니다. 계가 없이는 정이 생길 수 없고 정이 없는데 혜가 생길 수 없으니 계정혜 삼학은 삼위일체로 이루어져야 하는 수행법이지요.

그런데 사람들은 신이나 창조주 등을 찾아 문제를 해결하려는 경향이 많이 있지요. 사실 산이나 강이나 바다만 보아도 사람의 몇 천 배, 몇 만 배나 되는 크기이니 거대한 자연에 위축되고 공포심이 생겨서 숭배하고 싶은 마음이 생깁니다.

또 하늘을 보면 별이 뜨고 태양이 비치고 천둥 번개가 치고 하니 하늘이 뭔가 어마어마한 것으로 생각되기도 하지요. 그래서 문명이 발달하기 전에는 나보다 위대해 보이고 대단해 보이는 자연물에 경배를 표했습니다.

그러나 그런 것들은 인간이 어리석어 스스로 만든 허상에 속은 것이지요. 그렇듯이 세상 만물을 만들었다는 창조주도 결국은 인간이 만들어낸 것인데, 신의 지배에 순종하지 않으면 멸망하고 순종하면 구원을 받는다고 믿게 되어버렸지요.

어떤 종류건 신본주의 사고는 부단히 발전하는 인간 문화 혁명의 물결 속에서 차츰 인본주의로 변해가고 있습니다. 그래서 이제는 많은 사람들이 신보다 사람 마음이 근본이 되는 쪽을 주장하고 나섭니다.

석가모니가 출현하실 당시에도 인도에는 힌두교니 자이나교니 해서 밖으로만 구하던 종교가 판을 치고 있었지요. 신을 받드는 사람을 바라문이라 해서 그 민족 계급 중 제일 상위에 두고 왕족

조차도 그 아래의 계급으로 있었습니다. 또 수드라 같은 천민 계급은 금수 취급을 당해 누구한테 두들겨 맞아 죽어도 어디 가서 호소조차 할 수 없었습니다.

부처님은 인간의 괴로움을 해결하기 위해 유명하다는 사람을 다 찾아가 가르침을 청했습니다. 하지만 모두 미지근한 속에서 방황하는 소리만 하고 있어 시원한 대답을 얻을 수 없었습니다. 그래서 혼자 6년 동안 치열한 수행을 하고, 다시 보리수 아래 앉아서 깨치고 보니, 천상천하유아독존이라, 어느 하늘 어느 신이라도 내 인생을 간섭할 자가 없다는 것을 아신 것이지요.

그렇듯 계급 차별이 뚜렷한 그 시대에 부처님은 폭탄선언을 하신 것입니다. 모든 것은 어떤 절대자가 있어서 창조한 게 아니라 서로 상의 상존하여, 이것이 있으므로 저것이 생기고 저러한 이치가 있음으로 해서 이러한 반응이 생긴다는 진리를 가르치셨습니다. 두 손바닥이 합쳐져야 소리가 나는 것처럼 모든 일은 서로 의존해서 생긴다는 연기법을 말씀하셨습니다.

내가 성을 내니 그 성내는 파도가 상대에게 반응을 일으키는 것입니다. 지옥이니 천당이니 하는 것도 전부 다 내가 창조해 내는 것이라, 마치 산골짜기에서 메아리가 울릴 때 크게 소리치면 크게 들려오고 작게 소리치면 작게 울리고 여자가 소리치면 여자 소리로 울리고 남자가 소리치면 남자 소리로 울리는 것과 같은 이치입니다. 이처럼 모든 일은 상대적 원리로 서로 작용해서 일어나는 것이지 어느 창조주에 의해서 불쑥 생겨나거나 저절로 생겨나는 것이 아닙니다.

그래서 불교는 자연론도 아니고 창조론도 아닙니다. 모든 것은 내가 지음으로 해서 있고 지은 것을 거두면 없는 것, 인연법입니다.

어떤 신이 있어서 기준을 만들어 내 능력을 판단하는 게 아니라, 내가 착하게 닦으면 착한 세계가 열리고, 악한 행동을 하면 악한 세계가 열린다는 것입니다. 이런 소리는 인류 역사상 석가모니가 처음으로 한 소리였지요. 이 점이 바로 불교의 위대함입니다.

이렇게 자기 문제를 해결한 것이 곧 불교이고, 그것이 결국 우주 문제를 해결하는 것이며, 그것이 바로 고통에서 벗어나 진정한 행복을 얻게 되는 길입니다. 이러한 사실을 알면 누가 그 길을 가지 않겠습니까.

이 세상 어느 물건이고 변하지 않는 게 없습니다. 아무리 권세가 있고 건강하고 미색이 뛰어나고 재물이 많다고 한들 그게 얼마 동안이나 지속되겠습니까. 그것 역시 한바탕 꿈이요 그림자입니다.

≪금강경≫에서도 비유했듯이 이슬과 같고 번개와 같으니 이 생활이 허무한 줄 알아야 합니다. 그리고 바로 이 허무한 인생을 벗겨버리면 허무하지 않은 인생이 나타납니다. 그렇기 때문에 무

아를 말하는 것입니다.

불교의 무아는 대아大我를 말합니다. 무아라고 하니 아무 감각도 없고 허공이나 돌덩이처럼 된 것이 아닌가 하고 미련하게 생각하는 사람도 있을 텐데, 무아란 탐진치 삼독심을 없앤 상태입니다. 너니 나니 하는 상대적인 내가 없는 불생불멸하는 빛나는 자기가 무아입니다. 그래서 나는 우주 전체이고, 우주와 내가 둘이 아닌 하나가 되는 그 자리가 무아의 세계입니다.

무아의 세계는 정진의 세계입니다. 이것저것 이론적으로 따져서 아는 세계가 아닙니다. 정진을 할 때에는 일체의 지식 보따리를 내팽개쳐야 합니다. 일체의 망상 찌꺼기를 집어던질 때 바로 거기에 무아가 나타납니다.

그런데 우리는 항상 습관에 찌들어서 생각을 놓지 못하니 어려운 것이지요. 깎아지른 석벽에서 손을 탁 놓는 것이 대장부입니다. 그런데 사실 손이 놓아지질 않지요. 거기서 손을 놓으면 죽는 줄 알고 밤낮 매달려서 안 떨어지려고 합니다. 그런데 그 손을 탁 놓듯이 자기를 쉴 때, 비로소 참나를 발견합니다.

참선을 하고 화두를 틀어잡고 앉는 법도 모두 다 그렇습니다. 뭘 따져서 이리 하고 저리 하라는 식은 없거든요. 상념 보따리를 집어던져야 되는데 그게 잘 안 되니까 그 방법으로 제시된 것이 화두입니다. 아무리 짧은 말이라도 말에는 다 뜻이 있게 마련인데, 그 말 이전에 말머리가 화두입니다.

어떤 것이 부처냐 하고 물었는데 도저히 이론에 맞지 않는 대답들이 나오잖아요. 동문서답 같은 대답들을 하지요. 우리의 사량분별이나 지혜로는 닿지 않는 곳을 설명하려니 그렇게밖에 표현이 안 되는 것입니다.

그것을 알고 싶다고 사량 분별을 가지고 따지고 연구해서는 뜻을 알 수 없습니다. 그것은 일체를 쉬어버리는 경계이니, 모든 불꽃이 쉬고 조사의 공안 하나만이 현존하는 경계입니다.

자기도 잊고 우주도 잊고 오직 남아 있는 것이라고는 조사 공안 하나에 걸려 있는 것이지요. 즉 시간과 공간을 초월했을 때 비로소 알게 되는 것입니다. 그래서 일념 불사하면 하루도 안 되어 성취한다고 했습니다.

나옹懶翁 스님의 법문에 이런 말씀이 있습니다. 염기염멸 즉생사, 생각을 일으키고 생각을 없애는 그것이 생사라 했습니다. 일 찰나에 구백 생사라는 말도 있지요.

칼로 물을 베었을 때 물이 갈라졌다 붙는 시간이 1찰나라 했습니다. 그 짧은 시간에 구백 번 나고 죽는다니 우리로는 이해가 안 되지요. 1초 동안 생각을 구백 번 쪼갤 수도 없는데 1찰나에 구백 번 나고 죽는다니 말입니다.

그런데 1찰나에 구백 번 생멸하는 경지만 보면 생멸이 없는 경계를 볼 수 있다고 했습니다. 구백 번 생멸하는 찰나를 볼 줄 알면 그 자리가 생멸이 끊어진 자리이니 그래서 염기염멸 즉생사라고 이르신 것입니다.

죽음 앞에서 생각이 가만히 정돈된다면 생사가 어디 있겠습니까. 내가 죽네, 숨이 끊어지네 하는 생각들로 방황하니 생사가 있는 것입니다. 그렇게 헛되이 오가는 상념을 끊고 마음을 안정시켜 지혜를 증득해 본래면목을 밝히는 것이 수행이요 삼학이요 참선입니다.

세상 천하 갑부가 되는 공부

 우리가 이 세상에 올 때 혼자 왔지 누구와 손잡고 오지는 않았습니다. 쌍둥이조차도 온 세계가 다릅니다. 그리고 이생에서 아무리 친하다 해도 갈 때는 혼자 갑니다.

 이러한 인생의 이치를 밝힐 때, 세계 인류가 모두 내 마음과 다를 바 없다는 도에 통달하게 되지요. 그래서 도를 얻으면 천하 일체중생이 내 벗이고 도를 얻지 못하면 절대 혼자입니다.

 우리 인생이란 것이 백 년 인생 하나로 그치는 게 아닙니다. 무시 이래로 영원히 흘러가는 생명체의 인생입니다. 그렇게 흘러가는 세상 모든 생명체가 잘살고 못사는 것은 전부 마음 하나에 달렸습니다.

 병이 들어 아무리 좋은 약을 먹는다 해도 환자 마음에 그 약을 먹고 낫지 않을 것이라는 의심이 가득하면 약효가 안 납니다. 그런가 하면 약으로도 치료가 어렵다는 병에도 마음 한번 가다듬어 한 생각으로 낫는 이치도 있습니다.

 지옥 중생은 일일일야一日一夜에 만사만생萬死萬生한다고 합니다. 하루 낮밤 동안 만 번 죽고 만 번 사는데 무슨 약이 필요하겠는가 말입니다. 다 제가 지은 업력으로 일어나고 몸에 병이 생기는 것도 업에 따른 것입니다. 일체유심조라 해서 마음먹기에 달렸다는

一歸何虛

太白山無為精舍
西唐

말이 이 뜻입니다.

이것이 바로 신비하고 오묘한 생명의 실상입니다. 그런데 우리는 생명을 기계처럼 보아 몸 어딘가에 조금만 이상이 있어도 병원에 쫓아가면서도 정신세계를 돌아볼 줄은 모릅니다.

우리 마음은 모든 것에 작용하는 힘을 갖고 있습니다. 화가 났을 때를 한번 생각해 보세요. 아무리 둔한 사람일지라도 성낸 얼굴을 좋아하는 사람은 없습니다. 성난 얼굴은 보면 대번 압니다.

그럼 무엇이 화를 낸 것입니까. 빛도 모양도 냄새도 없는 이 마음에서 성이 난 것이지요. 성을 내면 얼굴이 붉으락푸르락하고 입술이 벌벌 떨리게 되는 것도 다 생각이 움직여서 그렇습니다. 한 생각 움직여서 몸에 그만한 파도를 일으켰다는 것이 증명이 되지요.

우리가 기쁜 생각을 해도 금방 표가 나고 상대방이 먼저 알아챕니다. "저 사람 무슨 좋은 일이 있나봐. 얼굴에 써 있는데." 또 무슨 걱정이 있어 우수가 서려 있으면 "자네 요새 근심이 있는 모양이지?" 하면서 모두 알아챕니다.

이것이 모두 마음 따라 일어나는 것으로, 우리는 그것을 몸에 도장道裝을 치고 삽니다. 그렇게 과거 다생에 걸쳐 착한 마음을 쓴 사람은 얼굴에 유덕함이 보입니다. 그래서 초면에도 인상이 좋다고 느끼지요. 반면에 악덕을 지은 사람은 독해 보이고 마주 대하기조차 싫어집니다. 전생에 닦은 것이 몸에 도장을 쳐서 현재 모습에 나타납니다.

이런 것을 보더라도 마음 작용이 얼마나 위대한가 증명이 됩니다. 중병이 걸려서 기도하는 도중에 관세음보살이 나타나 아픈 곳을 만지니 병이 다 나았다는 사람도 관세음보살이 갑자기 하늘에서 내려온 게 아닙니다. 내 속의 관세음보살이 싹을 트고 나와 내 병을 고친 것이지 어디 다른 바깥으로부터 온 게 아닙니다. 이처럼 우리 마음속에 시방세계가 함축되어 있습니다.

사람들이 흔히 명산대천을 찾아가 기도해야 도를 깨친다고 생각하는데 아주 모자라는 생각입니다. 태양빛이 어디나 고루 비추듯 신심이 충만한 곳은 모두 수행 도량입니다.

부처님이 안 계신 곳이 어디 있는지 생각해 보세요. 부처님이 어디 특정한 성지에만 있다면 그 부처님을 어디다 쓰겠어요.

이 세상에 부처님 안 계신 곳은 하나도 없어요. 우리 마음이 어두워 못 보고 못 찾을 뿐이지요. 아무리 성지에 가 있더라도 마음이 이리저리 떠다니면 그곳은 시장바닥이요, 시장바닥에서도 마음을 가다듬으면 그곳이 바로 청정한 도량이고 성지입니다.

그런데 이러한 마음을 개척해서 쓰지 않고 사장해 버리고 있어요. 이 법의 위대한 힘을 깨닫지 못하고 바깥으로 헤매며 몇 푼어치 안 되는 데에 쩔쩔매는 삶을 삽니다. 세상 만법이 전부 마음에서 일어나는 원리를 알면 천하의 갑부가 되는데도 우리 삶이 그 마음을 잘 받아쓰지 못해 늘 불안하고 불쾌하게 살아갑니다.

마음 농사를 바로 지으면, 설사 하루 한 끼 죽을 먹더라도 가족끼리 웃고 동조하고 원만하게 화합하여 살게 됩니다. 이 마음이 그렇게 위대한 것입니다. 또 그렇게 마음 쓰는 사람한테 먹을 밥이 들어가지 않을 턱이 없지요. 우리 입이 모자라지 먹을 것이 모자라지 않습니다.

김용사라는 절에 살던 어느 봉사 부부 이야기를 들려드리겠습니다. 속사정을 이야기하면, 비가 오는 날 남자 봉사가 비를 피해 들어간 곳에 마침 여자 봉사도 들어오게 되어 그 인연으로 부부가 되었고 아들을 낳았는데 다행히 이 아들은 부모의 눈동자까지 다 차고 나와 정상인이었어요.

그래서 이들 가족이 거리를 다닐 때에는 남편이 아이를 어깨 위에 태우고 아내는 남편의 지팡이를 잡고 뒤에서 쫓아갑니다. 아들은 아버지의 어깨 위에서 여기로 가세요, 저기로 가세요 하며 부모의 눈이 되어 길을 갑니다.

그런데 한 일본 사람이 밥을 얻으러 온 이들을 보고서 아들 욕심을 냈습니다. 그래서 아들을 주면 두 내외가 편히 먹고 살 수 있는 재산을 주겠다고 했어요. 그러나 두 내외는 고개를 저으며 안 된다고 했지요. 호의호식하며 잘사는 게 복이 아니라 비록 문전걸식을 해도 서로 도우며 화목하게 사는 데에 행복이 있음을 알기 때문이지요.

여러분은 행복의 기준을 어디에다 두겠습니까. 외부 조건이 좋다고 행복하다고 할 수 없지요. 행복을 껍데기로 계산하려 한다면 어리석은 일입니다. 아무리 신체가 불완전하고 가난하다 해도 그 삶을 행복하게 사는 사람이 있고, 껍데기는 화려하고 넉넉해도 불행하게 사는 사람이 있어요. 행복은 내 마음속에서 현존하는 것이지요. 그런 데서 마음의 위대성을 찾을 수 있습니다.

그런데 이런 생명의 실상을 잃어버리고 바깥으로 물질계에서 헤매기 때문에 불행을 자초하는 것입니다. 불교는 마음으로 행복을 건설하라고 합니다. 비록 금생에 좋은 조건에 있다 하더라도 마음 하나 잘못 내면 지옥이나 육도 중생으로 헤매게 되는 이치를 바로 알아야 합니다.

흔히 잠이 안 오면 수면제를 사다 먹는 어리석은 사람이 있어요. 수면제를 왜 먹습니까. 잠을 안 자고 살면 30년을 살더라도 보통 사람에 비해 60년은 산 셈이니 오히려 더 좋잖아요. 왜 일부러 약까지 먹어가면서 송장이 되려고 합니까. 이렇게 생각을 하면 마음이 편해져 저절로 잠이 옵니다.

약을 사먹으면 몸만 점점 나빠질 뿐, 언 발에 오줌 누기로 약의 독소 때문에 점점 더 잠이 안 오게 됩니다. 하지만 잠이 안 오는 것을 행복으로 알면 잠이 더 잘 와요. 잠에 심술이 있지요. 밤에 용맹정진을 할 때에는 잠을 안 자려고 눈에 버팀목을 받쳐도 웬 잠이 그렇게 쏟아지는지 모르겠다고 하지요. 잠귀신이 그렇게 심술궂지요.

이렇듯 한 생각 돌리면 인생이 180도로 돌아 혁명이 일어납니다. 불교는 마음에 혁명을 일으켜 인생을 멋지게 살려는 철학이거든요. 참선과 염불과 기도가 다 그 길로 들어가는 방법입니다. 진실로 삼세제불이 이구동성으로 말씀하신 마음의 위대성을 우리가 실제 겪을 수 있다는 것이지요. 마음공부를 하면 어떠한 불행도 다 제거할 수 있어요.

마음공부에 제일 좋은 방법은 참선입니다. 일념 정좌로 앉아서 '이 뭣고' 하는 그 자리에는 어떠한 생각도 침투해 오지 못합니다. 망상 번뇌가 점령한 자리에는 공부의 힘이 들어가지 못하고, 공부하는 자리에는 망상 번뇌가 침범하지 못합니다. 공부를 안 하면 마구니가 점령하고, 공부하면 마구니가 달아나 버립니다. 그러니 한 생각 돌이킨 데서 내 인생이 근본적으로 달라진다는 것이 아니겠습니까.

경전에는 이러한 부처님의 말씀이 고구정녕하게 적혀 있지요. 깨달음의 세계가 아니면 그런 이론이 전개될 수가 없어요. ≪금강경≫ 서두에 보면 부처님이 발우를 들고 밥을 빌고 공양을 마친

후 의발을 거두고 발을 씻는 일상생활의 모습이 나옵니다. 그리고 수보리가 그 깊은 뜻을 알아차리고 부처님을 찬탄하지요. 부처님이 수보리에게 뭘 특별히 가르친 것은 없어요.

마음을 놓지 말아야 합니다. 그 공부를 놓치면 그 사람은 이미 생명이 끊어진 것과 다름이 없습니다. 왜 끊어지느냐. 지옥에 갈지 극락에 갈지 전혀 모르거든요. 공부하면 그 사람의 생명은 끊어진 것이 아닙니다. 죽어도 그 정신을 가지고 가게 되니 끊임이 없지요.

처음에는 공부가 잘 안 되고 끊기겠지만 계속 노력하면 저절로 공부가 이어져 나갑니다. 그래서 자꾸 노력해 이러한 법이 천하에 퍼진다면 오만 가지 근심 걱정이 다 사라져 그야말로 정토가 이룩되는 것이지요.

제5장

봉암사 동안거 소참 법문

소참 법문 小參法問
선원이나 강원, 또는 율원에서 학인들에게 하는 법문을 소참 법문이라 한다. 소참 법문은 승가공동체의 수행자를 선지식으로 이끄는 데 없어서는 안 될 소중한 법문이다.

동안거 소참 법문 冬安居 小參法文

이 공부는 뭘 이야기하고 듣고 보고 배우는 공부가 아니라 모든 사량 분별의 세계를 다 쓸어버리는 공부지요. 세상의 공부는 전부 지혜를 곤두세워서 배우고 연구하고 따지는 공부지만 이것은 각도가 다른 공부여서 모여 앉아 이야기할 것도 없는 것입니다. 사실 이 공부의 가장 큰 병폐가 뭘 따지고 알려고 하는 것입니다.

입차문래 막존지해 入此門來 莫存知解. 이 선방에 들어오려면 알음알이 지식, 자기가 경험하고 아는 세계를 다 집어던져야 합니다. 아는 것이 병입니다. 참으로 모르는 줄만 알면 지금 이 공부가 저절로 됩니다.

그런데 다생에 익힌 알음알이가 습관이 되어 그 생각에 위대한 뜻이 덮여버린 것입니다. 다 훌훌 털어버리면 꽉 막힐 수밖에 없지요. 모르고 막히는 데로 가는 것입니다. 딴건 아무것도 없습니다.

은산철벽 銀山鐵壁이라. 앞에 철산이 꽉 막혀서 더 이상 갈 데가 없는 곳까지 간다는 뜻입니다. 백척간두진일보 百尺竿頭進一步라, 천 길 낭떠러지 위에서도 한 발 더 내디딜 줄 아는 것이 장부라고 했습니다. 그것이 바로 화두 아닙니까. 의단독로 疑團獨露. 꽉 막혀버렸으니 화두만 있을 뿐입니다. 다만 이것을 우리가 깨느냐 깨지 못하느냐 하는 문제만 남습니다.

그런데 사실 우리가 안다는 것은 수박 겉핥기 식으로 자기 생각으로 따져서 이리 알고 저리 알고 둥글게 알고 모나게 알고 온갖 것을 스스로 만들어내는 것이라 조금만 깊이 들어가면 아는 것이 하나도 없는 것이니 따지고 보면 화두 아닌 것이 없습니다.

우리가 천하를 다 아는 것 같아도 뒤집어 물으면 누구나 금방 막힙니다. 먼지 한 종자, 풀 한 포기를 제대로 아는 것이 없습니다. 혹 이름이나 조금 알까 실상은 하나도 아는 것이 없습니다.

그러고 보니 모두가 화두가 안 될 수 없지요. 모르니까 의단독로 아닙니까. 사실 아는 것이 없지요. 세상 살려면 전부 아는 양하고 또 알려고 하지만 사실은 아는 것이 없으니 꽉 막힐 수밖에 없습니다.

불교 이론은 말라야식이니 아뢰야식이니 하는 문자를 붙입니다만 보통 머트러운 생각이 아니면서도 미세한 생각이 항상 흐르고 있습니다. 자신은 모르지만 정신을 맑히고 정진하면 그런 미세한 생각이 일어나는 것이 보입니다. 그때 그런 미세한 생각까지도 다 털어버리고 깊이 들어가면 저절로 꽉 막혀서 그만 시간도 공간도 초월하는 곳으로 가게 됩니다. 그게 화두입니다.

부처님께서 보리수 아래에 앉아 6년 동안 명상에 잠겼다는 것도 화두 일념이 된 것입니다. 그러니 6년이 언제 지나간 줄 모르지요. 이리저리 나다니던 생각이 한군데로 정돈되어 일념 삼매로 화두를 깨치는 것을 견성 오도라 합니다. 한마디로 꿈을 깬 것이지요.

참선이란 학술을 논하는 것이 아니라 간단할 뿐입니다. 팔만사천대장경을 종으로 횡으로 뚫어서 이 세상 이치에 막힘이 없다 하더라도 그게 바닷가에서 모래알 세는 것과 같아 몇 푼어치도 되지 않습니다. 그러니까 영리한 사람은 대번에 다 젖혀버리고 꽉 막혀버립니다. 공부 방법은 그 한 가지 간단한 것뿐입니다.

그렇게 화두만 하려고 노력해야 합니다. 진실하게 모를 때 딴 생각이 일어날 수가 없지요. 자나 깨나 앉으나 서나 움직일 때나 고요할 때나 잠잘 때나 꿈속이나 항상 의심 하나로 꽉 차 있는 그것이 참선입니다.

그런데 말이 쉽지, 곧 그리될 것 같아도 초학자들은 다생에 익힌 습관이 작용해서 자꾸 생각을 따라다니다가 시간을 보냅니다. 꼬리에 꼬리를 물고 일어나는 생각 속에 앉아서 도거와 혼침 속에서 왔다 갔다 합니다. 그러나 큰 용기를 내면 마침내 의단독로가 됩니다.

목에 칼을 들이대도 죽기 살기로 한번 해보는 큰 용기를 내야 합니다. 참선은 용기가 아니면 뚫어내지 못하는 공부입니다. 생사를 판단하는 그런 문제를 어떻게 미지근한 평상심으로 해결할 수 있겠습니까. 비상한 마음이 아니면 뚫어내지 못합니다.

보이는 것도 보지 않고 들리는 것도 듣지 않습니다. 따로 묵언한다는 자체가 우스운 소리지 저절로 묵언이 됩니다. 하나에 골몰

하면 옆에서 아무리 말을 하라고 해도 할 수가 없거든요. 딴 이야기 하면 벌써 공부를 놓았다는 말입니다.

그러니 비록 대중처소에 있어도 항상 혼자 있는 것과 같이 조용하지요. 공부를 안 하려면 몰라도 생사윤회를 끊고 꿈을 깨겠다고 한다면 앉으나 서나 24시간 화두를 안 할 수가 없습니다. 첫 번에 화두 일념이 안 되더라도 자꾸 염념 발심해서 화두를 붙잡아야 합니다.

내가 왜 머리 깎고 먹물 옷 입고 선방에 앉아 있느냐 하는 자기 자리를 반성해 보면 다 까닭이 있지 않습니까. 모든 것을 다 포기하고 여기에 들어와 앉았으면 이 문제를 해결하겠다는 결심을 잠시도 여읠 수 없습니다. 결심이 딱 서면 말이나 망상은 저절로 녹아버리지요. 다만 화두 일념으로 의심이 될 수밖에 없습니다.

옛날 스님들도 대분심 대용기를 가지고 했지요. 견성 오도가 그야말로 이 생사윤회를 끊어버리는 비상한 생각 아니고는 접근할 수 없습니다.

화두는 마치 불꽃과 같습니다. 불꽃 위에는 아무것도 앉을 수가 없듯이 화두 앞에서는 온갖 생각이 다 타서 죽어 없어지고 맙니다. '이 뭣고'를 한다든지 정전백수자庭前栢樹子를 한다든지 무無 자를 한다든지 어쨌든 화두만 잡고 있노라면 일체 사량이 끊어집니다. 무슨 망상이 일어날 틈이 없습니다. 화두라는 불꽃에서 일체 사량 분별이 다 녹아 없어져 버린다는 것입니다.

이 한 철 동안 이것 하나는 반드시 해결하겠다는 용기를 세우셔야 합니다. 그리고 대중처소에 살아도 항상 고봉정상의 감옥 속에서 혼자 사는 정신을 가져야 합니다. 혼자 사는데 허공하고 이야기하겠습니까. 이야기할 건더기가 없지요.

일상생활을 위해 부득이 꼭 필요할 때만 말하는 것을 묵언이라 하지요. 무조건 말 안 하는 것이 묵언이 아닙니다. 이야기를 할 때에도 화두가 흔들리지 않아야 하고 다른 사람의 화두도 움직이지 않도록 하는 것이 묵언입니다. 결재 기간 동안만이라도 화두를 놓치지 않아야 되겠습니다.

내가 하루 24시간 동안 얼마만큼 화두를 뚫어봤는가 얼마나 놓쳤는가를 자꾸 점검해야 합니다. 놓칠 때마다 깜짝깜짝 놀라면서 화두를 붙잡아야 합니다.

그래서 옛날 스님들은 졸음이 오면 송곳으로 허벅지를 찌르고 목에다 칼날을 들이대고 공부했습니다. 그것이 바로 용맹입니다. 용맹심을 가지고 일념 삼매로 하면 누가 깨치지 못하겠습니까.

다만 안 되는 것은 망상 피우고 엉뚱한 생각을 하기 때문에 안 되는 것이지, 그렇게만 한다면 견성 못 할 사람이 없습니다. 옛날 어떤 스님께서는 만약에 삼 일이나 칠 일 동안 화두가 순일하게 되어서도 견성 못 하는 사람이 있다면 거짓말한 죄로 무간지옥이나 발설지옥에 떨어진다고 맹세하는 말씀도 하셨습니다.

잠 안 자고 한다고 꼭 용맹 정진이 아닙니다. 일체 사량 분별이 틈을 뚫고 들어오지 못하게 하는 것이 용맹 정진입니다. 창문에 틈이 생기면 바람이 들어오고 벽에 틈이 생기면 비가 새듯이 마음에 틈이 생기면 그 틈을 타고 온갖 망상이 죽 끓듯 튀어나옵니다.

다만 화두에 모든 것을 맡기고 생명도 맡기는 이 방법이 가장 좋은 공부지요. 옛 스님들처럼 그렇게 하면 저절로 화두가 됩니다. 부처님도 온갖 사람들에게 다 물어봐도 문제가 풀리지 않자 무사자오無師自悟로 홀로 보리수 아래 앉아 모든 생각을 하나의 의심 덩어리 안으로 녹여버리고 나서야 깨달음을 얻으신 것입니다. 그 생각의 뭉치가 바로 화두입니다.

옛날에 벌써 부처님과 스님들이 이미 지름길을 개척해 놓았으니 우리는 이론 따질 것 없이 화두만 하면 됩니다. 화두를 놓칠 때는 내가 삼계 윤회하고 떠내려갈 때이고, 화두를 할 때는 생사를 논하는 언덕에 가깝게 간 것이지요.

열심히 공부하는 사람은 며칠 안 되어도 공부하는 길을 얻을 것이고, 오늘은 어떻고 내일은 어떻고 하면서 비틀비틀 적당히 보내는 사람은 며칠을 지내도 공부에는 진척이 없습니다. 그러나 열심히만 한다면 사실 딴 소리 필요 없지요.

이렇게 마음먹고 선방에 모여 공부하려면 규칙적인 생활을 하는 것이 좋습니다. 식생활도 이치에 맞게 잘 조절해서 위장에 부담이 없도록 적당히 섭취해야 합니다. 과식을 한다거나 너무 안 먹어 배가 고프다거나 하는 일 없게 그야말로 공부하는 데 지장이 없도록 몸을 단련해야 합니다.

혼자 있으면 게으르고 졸더라도 옆에 붙들어줄 도반이 없지요. 선방에서 공부하면 자연히 도반들과 함께 정진하니 바로 그게 경책이 됩니다.

그렇게 한 철만 원없이 지낸다면 성취 못 할 사람이 어디 있겠습니까. 스스로 정진하는 수준이 약해서 못 하는 것이지 노력하면 다 됩니다. 하다가 안 될 때도 있겠지요. 그러면 어떤 방편을 써야 그 혼침과 도거를 벗어날 수 있는지 선지식을 찾아 묻기도 하면서 새롭게 화두를 다잡는 노력이 필요합니다.

첫째는 용맹심입니다. 용맹심 없이는 화두가 되지 않습니다. 졸음이 오면 옛날에는 송곳을 가지고 찔렀는데 옛날 사람 다르고 요새 사람 다르지 않습니다.

스스로 경책하는 이러한 비상한 각오가 아니면 성취가 어렵습니다. 비상한 각오여야 비상한 도리로 가지, 삼계가 항상 윤회하는데 할 것 다하고 평상심으로는 도저히 안 되지요. 그저 물에 물 탄 듯 미지근해서는 절대 이루어지지 않습니다.

과거에 조사 스님들도 다 그런 뼈를 깎는 공부를 하면서 죽을 고비를 몇 번씩 넘기고 이룬 것이지 비틀비틀하는 도인 하나도 없습니다. 그런 비상한 각오로 이제 석 달 동안은 세상 소리도 안 듣고 산문 출입도 안 하면서 모든 어려움 감수하며 어떻게 해서든지 이번 한 철은 이 문제를 해결하고야 말겠다는 결심을 가지고 하셔야 합니다. 그런 피나는 정진이 아니고는 안 되는 법이지요.

심심심난가심心心心難可尋 관시변법계寬時遍法界 착야불용침窄也不容針 아본구심불구불我本求心不求佛 요지삼계공무물了知三界空無物 약욕구불단구심若欲求佛但求心 지저심심심시불只這心心心是佛 아본구심심자지我本求心心自持 구심부득대심지求心不得待心知 불성부종심외득佛性不從心外得 심생변시죄생시心生便是罪生時

우리에게 잘 알려진 달마 스님 법문이지요.

심심심난가심心心心難可尋. 마음이란 것을 항상 쓰면서도 그게 참 찾기 어렵습니다. 웃는 것도 마음이요 우는 것도 미워하는 것도 슬퍼하는 것도 마음 아닌 것이 없습니다. 이렇게 항상 쓰면서도 경계에 따라 막혀서 답답한 것이 그 마음의 정체를 찾아내기가 쉬운 일이 아니라는 것이지요.

관시변법계寬時遍法界. 이놈을 넓게 쓰면 우주 법계에 두루 하지 않는 것이 없습니다. 마음을 내놓고 우주는 없습니다. 제아무리 끝없다는 우주도 마음에서 일어나는 것이지 내 마음이 없는데 우주가 어디에 있겠느냐 그 말입니다. 마음은 형단이 없기 때문에 한계가 없습니다. 환한 우주 공간도 전부 마음에서 일어나는 것이지 어디 마음 밖에 우주가 설 수 있겠습니까.

≪원각경圓覺經≫에도 이런 말이 있지요. 무변허공無邊虛空이 각소현발覺所顯發이라. 끝이 없는 그 허공이 마음에서 일어난 것이다. 만약 이것을 가없는 허공에서 각覺이 일어났다고 풀이하면 그것은 모두 외도 사상입니다. 전부가 나입니다. 마음은 끝도 한계도 없는 것이니 마음보다 더 큰 물건은 있을 수 없습니다. 아무리 우주가 넓다 해도 마음의 바다에서 일어난 한 방울 거품과 같은 존재입니다.

착야불용침窄也不容針. 그렇게 우주를 토해내는 넓은 마음이지만 그것을 좁게 쓰면 바늘 하나 꽂을 데도 없습니다. 형단이 없기 때문에 좁게 쓰면 이건 도무지 바늘구멍만도 못합니다. 바늘구멍 속에 내 마음을 집어넣어도 어디 갔는지 보이지가 않는다는 말입니다.

아본구심불구불我本求心不求佛. 내가 이 마음 하나 해결하려고 하지 무슨 뚱딴지같은 바깥의 부처나 다른 위대한 존재를 구하는 것이 아닙니다.

요지삼계공무물了知三界空無物. 이 욕계·색계·무색계까지 우주 전체가 다 허깨비입니다. 우주 만유가 생기기 전부터 나라는 것이 있습니다. 태란습화 사생이 근본이 똑같아요. 이 근본 자리는 버러지라고 작고 크고 하는 게 아니라 똑같습니다. 그 자리는 부처니 중생이니 이름조차 붙지 않는 절대 평등한 자리입니다.

부처에 매달리면 그것 역시 해탈이 아닙니다. 부처의 종이 되어도 그것은 벌써 구속이요, 극락이나 천당에 가려고 집착하는 것도 벌써 구속 아닙니까. 부처고 천당이고 일체 명상이 붙지 않는, 이 우주가 생기기 전부터 있어온 자리입니다. 그러니까 욕계·색계·무색계 삼계가 다 허깨비 그림자라는 말입니다.

약욕구불단구심若欲求佛但求心 지저심심심시불只這心心是佛. 만약 참말 부처의 세계를 구하려고 한다면 마음을 찾아야 합니다.

아본구심심자지我本求心心自持. 본시 있는 그 마음이 불심입니다. 없던 놈이 중간에 생긴 게 아니라 본시 우주 만유가 생기기 이전부터 있는 그 마음이지요.

구심부득대심지求心不得待心知. 구하려 하면 벌써 크게 어긋나 버립니다. 구해서 얻어지는 것이 아닙니다. 마음 구하기를 기다려서 얻어지는 것이 아니라 본시 그 마음이었다 그 말입니다.

불성부종심외득佛性不從心外得. 내 부처는 마음 밖에서 얻어지는 것이 아닙니다. 마음 하나 가지고 하는 것이지 마음 밖에 있는 것이 아니라는 말입니다.

심생변시죄생시心生便是罪生時. 내가 마음을 일으키면 벌써 마음에서 벗어나 허물이 있다는 뜻입니다.

간결한 법문이지요. 그러나 이론적으로 백날 알아 가지고는 아는 것이 아닙니다.

그러니 오늘 이 이야기를 하는 것도 사실은 공연한 평지풍파로 여러분 공부 손해 보는 시간입니다. 꿈 깨듯이 스스로 깨우쳐 그 경지에 들어가야지 따져서는 안 됩니다.

화두라는 것은 억지로라도 그 경지에 들어가는 묘방이지요. 그야말로 일체 생각을 다 부숴버리는 아주 묘한 조화 법문입니다. 그렇기에 화두만 순일하면 안 들어가려야 안 들어갈 수 없이 그대로 깨쳐버린다는 것입니다. 다른 방법이 없습니다.

염기염멸念起念滅 위지생사謂之生死 당생사지제當生死之際 부진력제기화두復盡力提起話頭 화두순일話頭純一 기멸즉진起滅卽盡 기멸즉진처起滅卽盡處 위지적謂之寂 적중무화두寂中無話頭 위지무기謂之無記 적불매화두寂中不昧話頭 위지령謂之靈 즉차공적영지卽此空寂靈知 무괴무잡無壞無雜 여시공용如是功用 불일성지不日成之

염기염멸 위지생사念起念滅 謂之生死. 생각 한 번 일으키고 생각 한 번 죽는 그것이 나고 죽는 법입니다. 생각 있는 중에 나고 죽는 것이지요. 나고 죽는다는 것이 다른 것이 아닙니다.

그래서 일 찰나 간에 구백 생멸이라는 말이 있습니다. 일평생을 살면서 나고 죽는 것이 나고 죽는 것이 아니라 생각 한 번 움직이는 그것이 나고 죽는 것임을 분명히 알아야 합니다.

당생사지제 부진력제기화두當生死之際 復盡力提起話頭. 이 나고 죽는 때를 당해서 힘을 다해 화두를 잡아끌어야 합니다.

화두순일 기멸즉진話頭純一 起滅卽盡. 그렇게 해서 화두가 순일하게 되면 기멸심은 저절로 끊어집니다. 그렇지 않겠습니까. 화두 하나가 순일한데 그 무슨 기멸심이 붙을 수 있겠습니까.

똑같은 위치에 다른 것이 들어올 수는 없습니다. 그놈을 밀어붙이든지 덮어씌우든지 해야지 그냥 들어올 수는 없지요. 따라서 화두가 떡 점령하고 있을 때에는 마구니가 얼씬 못 하고 마구니가 점령할 때에는 화두가 달아나고 없는 것은 당연합니다.

기멸즉진처 위지적 起滅卽盡處 謂之寂. 화두가 순일하여 기멸심이 끊어지면 조용합니다. 우리가 어지러운 것이 다 이 기멸심 때문이거든요. 지나가는 망상, 과거에 알았던 미세한 알음알이들이 떴다 가라앉았다 어지럽게 작용하니까 머리가 복잡하고 분주한 것입니다.

적중무화두 위지무기 적중불매화두 위지령 寂中無話頭 謂之無記 寂中不昧話頭 謂之靈. 기멸심이 끊어져서 조용한 것은 좋은데 까딱 잘못하면 무력해지는 도리가 있습니다. 그것을 무기공無記空이라 합니다. 그저 아무 생각 없이 우두커니 멍청한 것이지요. 적적하고 산란심이 없는 조용한 가운데에도 매함 없이 화두가 순일해야 합니다. 그때 영특한 기운이 뜹니다.

즉차공적영지 무괴무잡 卽此空寂靈知 無壞無雜. 기멸심 없는 공적함과 매함 없는 영특한 기운으로 그것이 무너지지도 않고 잡되게 뒤섞이지도 않아야 합니다.

여시공용 불일성지 如是功用 不日成之. 이와 같이 애를 쓰면 하루가 안 되어 성취됩니다. 빗자루로 쓸어 내간다고 어둠이 사라집니까. 불만 켜면 밝아지지요. 모르면 꽉 막혀 은산철벽이 될 때쯤에야 알아집니다. 한마디로 깨쳐버리는 것이지요.

但知不會

太白山 舞鳳精舍
西康

모르는 곳으로 몰아넣어 멍텅구리가 되어야 합니다. 따지고 연구하고 알기를 기다려서는 안 되지요. 꽉 막혀 그저 모를 뿐이지요.

따지고 망령 피울 것이 무엇이 있겠습니까. 나도 없고 우주도 없는데 그야말로 백척간두에 서서 이것이 도대체 무엇인가, '이 뭣고' 하고 붙들어 보십시오. 거기서 조금만 어긋나도 삼만 팔천 리가 어긋난다고 했습니다. 그렇게만 한다면 하루도 안 되어 성취한다 그랬습니다. 가장 가까운 놈인데 어떻게 볼 수 없겠습니까.

안 되는 원인은 자꾸 바깥으로 헤매고 망상하고 무기에 떨어지고 혼침에 빠져 왔다 갔다 해서 그렇지요. 어지러운 것을 건져내어 조용한 것은 좋은데 그만 조용한 혼침에 빠져 들어가서야 되겠습니까. 물에 빠진 사람을 건져내니 불에 뛰어드는 것처럼 되어서야 안 되겠지요.

혼침에 들어가나 도거에 들어가나 물에 빠지기는 마찬가지입니다. 도거와 혼침을 다 걷어내야 합니다. 그런 용기가 아니면 안 됩니다. 목에 칼이 있는 것처럼 분심이 일어나서 공부하면 혼침이 올 수도 없고 망상이 올 수도 없습니다.

옛날 스님들도 용기 하나 가지고 공부했습니다. 급하면 용기가 생기지요. 그런데 우리의 생사가 얼마나 급합니까. 아무리 혈기 방자한 거 같아 보여도 언젠가는 죽거든요. 머리에 불붙은 것 구하듯 해야 합니다. 머리에 불이 붙으면 만사를 제쳐놓고 불 먼저 끄겠지요. 아무리 이것이 중요하니 저것이 중요하니 해도 내가 이 삼계에 떠내려가지 않는 방법을 구해야 되겠지요.

인신난득人身難得이요, 불법난봉佛法難逢이라, 우리가 다행히 사람 몸을 받았고 불법을 만났습니다. 어지간한 복 가지고는 선방 문고리도 잡기 힘들다고 했습니다. 천재일우지요. 이럴 때 용기를 내 이 문제를 해결하지 않으면 언제 어디 가서 해결하겠습니까.

천재일우로 이 불법 세계 만났으니 만사를 떨치고 내 몸은 없이 오직 화두에만 매달려 보는 것입니다. 열심히 하면 무슨 석 달씩 할 것 있겠습니까. 한 달도 못 되어 그까짓것 다 볼 수 있습니다.

문제는 용기입니다. 쓸데없는 소리를 할 수 없지요. 쓸데없는 이야기를 한다 그러면 벌써 내 마음이 흐려진 것입니다. 공부를 안 하니 그렇다는 것이지요. 공부를 한다면 누가 말을 걸어와도 부득이 마지못해 대답하면서도 화두 달아날까봐 더 정력을 모아야 될 판인데 어떻게 말을 따라 자꾸 말을 만들겠습니까.

그래서 공부를 하면 누구나 전부 묵언이 됩니다. 부득이 말을 할 때에도 말하는 것에 마음이 흔들리지 않고 화두를 놓치지 않게 말을 하니 자연히 항상 조용하게 되지요. 그야말로 묵묵한 말이지요. 잠잠할 묵默 자거든요. 잠잠하다는 것은 벙어리가 되는 것이 아니라 어지럽지 않아 산란심이 없는 상태입니다.

또 먹는 것도 항상 덜 차게 먹어야 합니다. 아무리 맛좋은 음식이 있어도 내가 이만하면 몸을 지탱하겠다 하는 정도에서 그쳐야지 입맛에 따라가며 먹으면 그것 역시 공부 안 한다는 소리지요.

공부하는 사람이 함부로 먹거나 쓸데없이 간식하는 것도 그렇습니다. 또 차 달여 마시는 것도 다 필요 없는 일입니다. 도시에서야 물이 나쁘니 차도 달여 마셔야겠지만 이런 산속에서야 차가 아무리 좋아도 자연의 물만 하겠습니까. 차를 달여 먹니 무엇 하니 하는 그런 것에 마음 쓸 여력이 없거든요.

그야말로 공부 이외의 일은 덜어버리고 자연스럽게 해야 합니다. 그런 실생활이 바로 공부입니다. 이 실생활에 정신이 흔들리지 않게끔 노력해야겠지요.

예전에 금오金烏 스님과 동안거 한 철을 보내면서 정진했을 때 이야기를 참고로 하겠습니다. 해인사 총림을 지내고 잠깐 지리산 구경 갔다가 결재가 열흘도 안 남았을 때였지요. 금오 스님이 우리를 보고 지리산 칠불암에 모두 모이라고 했지요. 가니까 쓸쓸한 절에 아무것도 없었어요.

그때 금오 스님께서 말씀하시기를 "좋은 도량에 와서 그냥 갈 수가 있겠는가. 남자가 이렇게 십여 명 모였으니 여기서 한바탕 정진하자. 공부란 보통 정신으로 안 된다. 그야말로 죽을 각오로 해보자. 우리가 싸우다가 진심에 죽고, 온갖 물건에 욕심내어 그

탐심에 죽고, 또 색심에 죽고 가지가지 중생 업으로 한없이 죽어왔다. 무시 이래로 이렇게 한없이 생사의 바다에 끌려왔는데 공부하다가 죽진 않았을 테니 죽을 각오로 한번 해보자. 혹 공부하다 죽는다 해도 악도에는 안 떨어진다. 그것은 내가 보장하겠다!" 이렇게 다짐을 하셨지요.

그러자 모두 좋다고 호응을 했습니다. 그래서 동안거를 준비하려고 보니 열흘도 안 남았는데 식량도 땔감도 없었어요. 금오 스님이 "식량이야 언제든지 부처님이 우리에게 물려준 탁발법이 있으니 그렇게 하면 되겠고, 제일 나이 많은 나는 산에 남아 삼동 나무를 베어야겠다. 그러니 이제 스님들은 식량을 구하러 나가야겠다."고 의견을 내셨습니다.

스님들은 그에 따라 둘 셋씩 조를 짜서 넉넉잡아 한 보름 작정하고 대구로 광주로 사방으로 탁발하러 나갔습니다. 요새는 차가 들어가지만 그때는 그 밑에 화계사 쌍계사 쪽으로 걸어왔는데 사실 동냥하는 것도 정진이라 모두가 환희심이 나서 했지요. 그렇게 해서 몇 말씩 동냥한 것을 걷어지고 칠불암으로 돌아오니 반 철이 거의 지나갔지요.

그러자 모두 불러놓고 금오 스님께서 말씀하셨지요.

"탁발해 온 것을 다 모아보니 그만하면 실컷 되었고 나도 삼동 나무를 해놓았으니 한 철 넉넉하게 되었다. 그러니 나머지 기간은 용맹 정진하자. 물론 지금까지 한 탁발도 사실은 다 정진이다. 그런데 내가 그전에 해보니 이 용맹 정진을 하다 보면 아직 업력을 못 바꿔서 졸았느니 안 졸았느니 시비가 나고 싸움이 나기도 한다. 그러니까 아예 정진하다 죽어도 좋다는 서약서를 쓰자. 그래야 만약에라도 누가 죽어 경찰에서 문제 삼아도 해결이 될 테니."

그러자 모두들 그것이 좋겠다며 친필로 '공부하다가 죽어나가도 좋다.'는 서약서를 쓰고 도장도 찍고 지장도 찍어 그것을 금오 스님께서 거머쥐셨습니다.

금오 스님은 눈이 둥그렇게 달마 스님같이 참 용기 있게 생기셨거든요. 그러니 열흘 동안 혼자 나무해서 삼동 나무를 다 준비해 놓으셨지요. 그렇게 용기 있는 모습으로 몽둥이니 온갖 기구를 한나절 준비해서 옆자리에 한 짐 깎아 세워놓았습니다. 아차, 하면 두들겨 맞는 것입니다. 누구든지 졸면 나와서 잠이 깰 때까지 맞기로 하자, 시계가 울리면 그때 소변보러 가고 오 분 전에는 다 들어와 앉아야 한다는 등등 여러 규칙을 만들어놓았습니다.

지금 생각해도 삼엄하지요. 그러니 죽기로 작정하고 공부한 것입니다. 우리 한번 죽어보자 이거지요. 그렇게 해서 공부를 하는데 일주일 동안은 눈 한 번 깜빡하는 사람이 없었습니다. 용맹 정진하면 보통 사흘 밤낮은 모두 끄덕끄덕 조는데 그렇게 다부지게 생각을 하고 앉으니까 일주일이 지나는 동안에도 까딱하는 사람이 하나도 없었습니다. 생각이란 참 무섭지요. 죽기로 작정하고 하니까 용기가 그렇게 폭발하는 것입니다.

그런데 일주일이 지나니까 더러 조는 사람이 생겼습니다. 보통 이칠일, 삼칠일 간격으로 많이 졸게 됩니다. 이칠일 못 되어 몇 사람이 못 배겨 달아났는데, 달아나면 잡아오기로 규칙을 만들었으므로 다들 찾으러 나갔는데 눈이 허벅지까지 빠지는데 달아난 사람을 어떻게 찾겠습니까. 결국 못 찾고 돌아왔지요.

또 어떤 사람은 힘드니까 행패를 부리기도 했지요. 한번 졸음에 빠지면 약 먹은 고기같이 비틀비틀하니 우습지요. 소변보러 가서 그냥 조는가 하면, 추운 줄도 모르고 눈 위에 자빠져 코를 골면서 자기도 합니다.

그러나 전혀 못 자게 경책을 합니다. 졸면 안 된다 그거지요. 두들겨 맞지 않은 사람이 하나도 없습니다. 원체 졸리면 여간 때려서는 감각도 없어서 홍두깨 그을음이 나도록 때립니다. 그래도 안 되면 찌른다 어쩐다 하면서 갖은 방법으로 못 자게 합니다. 그렇게 해야 효험이 있다 그겁니다. 졸고 앉아 있으면 그까짓게 무슨 소용이 있겠습니까.

그렇게 삼칠일이 지나고 한 달 이상 넘어가니까 정신이 그렇게 맑아지거든요. 모두 좋아서 그냥 날아갈 듯한 기분이었지요. 다부지게 그렇게 하니까 참 정신이 맑거든요. 졸음이 올 때에는 정신 없다가도 그 고비만 넘어가면 그렇게 쾌활하고 맑을 수가 없습니다. 그렇게 단련하니까 거기서 얻은 사람이 많았습니다. 그동안은 용맹심이 없어서 못 뚫은 거였지요.

물론 그건 억지지요. 억지로 한 것이지만 그것이 용기입니다. 죽기 살기로 한다는 자체가 용기 없으면 안 되는 것입니다. 대신심과 대분심과 대의단이라. 분심이란 분한 생각, 바로 용기를 말하는 겁니다. 한번 죽어보자, 그런 용기가 필요합니다. 그야말로 죽을 고비를 넘기지 않고는 안 되는 일이지요. 용기만 있으면 우리가 한 철 동안 그걸 어떻게 모르겠습니까.

공부하는 데는 환경이 나쁜 것이 오히려 도움이 됩니다. 요즘은 먹는 것도 너무 많고 풍족해서 오히려 공부가 안 됩니다. 배고프면 흐르는 물 한 그릇 떠먹으며 느끼는 그 맛이 있습니다. 단식하면 몸에 병도 없어지는데 적게 먹는 것이 도움이 됩니다. 옛날에는 모두 며칠 굶는 것이 보통이었지요.

혀끝의 맛에 탐착해서 살면 중생놀음밖에 못합니다. 절대 배부르게 먹어서는 안 됩니다. 아무리 먹을 것이 많아도 위장의 칠 부나 팔 부 정도면 족하고 간식도 하지 말고 공부에 전념해 봅시다. 뭐든지 이 한 철 동안 내가 꿈을 꼭 깨겠다는 결심만 굳게 선다면 안 될 것이 없습니다.

여기저기 어지러운 지금, 도인이 많이 나와야 합니다. 상구보리 하화중생이라. 여러분 개인의 공부도 중요하지만 이 나라 국민으로 태어나서 헤매는 중생을 모두 제도해야 하기 때문에 더욱 굳은 결심과 용기를 갖고 어떻게든 이 한 철 내 정체를 한번 알아내도록 합시다.

다행히 여기 봉암사는 공부하는 조건이 좋습니다. 이제는 공사도 끝났고 외인들이 안 오니 조용합니다. 더구나 선방에는 아무도 드나들지 못하니까 공부하는 조건으로 이보다 더 나은 곳이 없습니다.

여러분이 굳게 결심해서 이번 동안거 동안에는 출가한 근본 목적을 달성해 보겠다는 용기만 안 잊으면 반드시 성취가 있을 것입니다.

혹 초학자가 아는 길도 물어간다고, 의심이 있으면 언제든지 와서 묻기도 하고, 또 정진을 하면서 조는 사람이 있으면 꼬집어주고 누구든지 잘못됐다 싶으면 지적해 주십시오. 그게 도반 아닙니까.

나를 칭찬하고 비위를 맞추는 사람보다 나를 욕하고 나를 괴롭히는 사람이 스승입니다. 잘하는 것은 가만두고 못하는 것을 지적하는 것이 바로 도반의 은혜입니다. 공부의 반 이상은 도반들이 해주는 겁니다.

어떻게든지 공부를 성취하는 것이 우리 부처님 은혜를 갚는 길입니다. 모쪼록 이번 삼동은 좀 더 값있고 뜻있는 한 철이 되도록 이를 물고 한번 정진해 봅시다.

제6장

증도가 證道歌

증도가 證道歌
영가永嘉 스님이 육조 혜능慧能 스님에게 인가받고 읊은 깨달음의 노래로 대승선, 돈오선의 진수로 손꼽힌다.

증도가 證道歌

인도에서 중국으로 불교의 골수 안목을 최초로 전한 분이 달마 스님입니다. 달마 스님은 불교의 핵심을 중국에 전했어요. 그전에 중국에 전해진 것은 모두 불교의 교학이나 교리학 같은 법문이었지요. 그래서 초조가 달마 스님이고, 이조 혜가, 삼조 승찬, 사조 도신, 오조 홍인, 육조 혜능 스님까지 불교의 근본 정법안장이 전해져왔어요.

지금 우리가 공부하려는 ≪증도가≫는 육조 스님 당시 영가永嘉 선사가 도를 증득하고 부른 노래입니다. 영가 선사는 혼자 공부해서 도를 얻은 사람입니다.

육조 스님의 제자가 암자에 들러 영가 선사를 만났는데 대화를 해보니 아주 투철하고 자기보다도 통쾌한 것이 도인이라, 그래 서로 마음이 맞았어요.

영가 선사가 "당신은 큰스님 제자라서 큰스님을 실제로 뵙고 닦은 선지식이니 이것이 계합되면 인정해 달라."고 청했습니다. 하지만 육조 스님의 제자는 영가 선사에게 육조 스님께 직접 가서 인가 맡을 것을 권했고, 영가 선사는 육조 혜능 스님을 찾아간 겁니다.

그런데 육조 스님이 딱 앉아 계시는데, 이 도인이 와서는 빙빙 돌고 인사를 안 하는 거예요. 육조 스님은 척 보면 알지요. 그래서 "어디서 온 사문인데 아만심이 충천한가?" 이렇게 한번 건드렸어요. 그러자 영가 선사가 뭐라 했느냐? "나고 죽는 일이 크고, 사람이 죽었다 사는 것이 번갯불같이 빨리 지나가는데 언제 그런 인사까지 할 틈이 있느냐."고 대답했어요.

그러니까 육조 스님이 "무엇 때문에 무생無生 도리를 체달해 알지 못하고 나고 죽고 하는 급한 것을 요달하지 못했느냐?" 그렇게 반박했지요. 체달하면 생이 없고 알아버리면 본시 급하고 빠를 것도 없다는 말입니다. 벌써 이 한마디에 서로 통한 거지요.

그래서 영가 선사가 곧 가려고 하자 "뭐가 그리 급해서 가려 하느냐?" 하고 묻자, 영가 선사는 "본래 동함이 없는데 급하고 빠른 게 있느냐." 그랬지요. 그래 참으로 계합하니까 육조 스님이 인정하고 그저 하룻밤 쉬어가라 하니 하룻밤 쉬어갔어요.

그런데 이 법문은 도를 증득한 사람만이 수긍해서 고개를 끄덕거리고 이해하는 법문입니다. 여기 모여 ≪증도가≫를 듣겠다고 한다면 도인이 모여 듣겠다고 하는 말입니다. 도인이 아니면 무슨 소리인지 알아듣지를 못해요.

그러나 도인이 따로 표가 있는 것은 아니고, 여러분이 다 도인입니다. 전생 다생의 부처와 똑같은 입장에서 근본으로 알고 이 법문을 진행할 수밖에 없습니다. 그런 전제 하에서 들어야 하는 법문입니다.

참말로 법문은 눈만 번뜩하면 서로 통하는 것이지요. 말을 빌어 한다는 자체가 군더더기입니다. 그런 최상승 법문이 이 ≪증도가≫입니다. ≪증도가≫란 아까도 말했지만 도를 증득한 노래라는 말입니다. 우리가 흥겨우면 저절로 노래가 터져 나오지요.

군불견君不見가.

그대, 보지 못했느냐. 그대가 참으로 이 도리를 보았는가 하고 묻는 겁니다.

절학무위한도인絶學無爲閑道人은 부제망상불구진不除妄想不求眞이라.

배움이 끊어지고 할 게 없는, 모두가 눈만 뜨면 바빠서 하루 종일 헤매는 게 중생계인데 다시 배울 건더기가 없이 달관해서 할 게 없는 한가한 도인은 더 이상 어지러운 망상을 없애려고도 하지 않고 참된 진리를 구하려고도 하지 않는다는 것을. 여러분이 모두 그런 한가한 도인이라 생각하고 이 법문을 설하는 겁니다.

무명실성즉불성無名實性卽佛性이요 환화공신즉법신幻化空身卽法身이로다.

아무 이름을 붙일 수 없는 그 자리가 곧 불성, 부처의 성품이라는 말입니다. 환화공신은 허깨비라는 말인데 이 허깨비가 곧 법신, 진리의 몸이로다.

법신각료무일물法身覺了無一物하니 본원자성천진불本源自性天眞佛이라.

법신 자리를 깨달으면 한 물건도 없어 본래의 자성이 그대로 부처라는 말이지요. 여러분 마음을 가만히 돌이켜 보세요. 내가 아무것도 배울 것도 없고 할 것도 없고 허둥대지 않고 무사태평하게 되느냐 이 말입니다. 법신을 깨달아 보니 아무 미련이 없어요. 법신이 따로 뭔가 빛나고 있는 게 아니라 생긴 모양 그대로 그것이 천진불입니다.

오음부운공거래五陰浮雲空去來하고 삼독수포허출몰三毒水泡虛出沒이로다.

오음은 색수상행식色受想行識으로 우리가 기뻐하고 좋아하고 하는 온갖 번뇌 망상을 말해요. 그것은 뜬구름 같아서 헛되이 왔다 갔다 하고, 삼독은 탐진치로 중생계의 세 가지 독소지요. 그것 때문에 아무것도 안 되거든요. 그런데 그 삼독이 물거품처럼 헛되이 생겨났다 없어졌다 한다는 말입니다. 그러니까 모든 희로애락이나 탐진치 삼독의 욕심덩어리가 물거품이나 허깨비라는 말입니다.

증실상무인법證實相無人法하니 찰나멸각아비업刹那滅卻阿鼻業이라.

실상을 딱 알고 보면 너니 나니, 네가 나보다 못하느니 잘났느

제6장 증도가 249

니, 그런 아상·피상·법상이라 하는 것이 찰나에 없어지고 이 세상에 지옥이니 하는 것이 다 없다 말입니다.

약장망어광중생若將妄語誑衆生하면 자초발설진사겁自招拔舌塵沙劫이라.

만약에 망령된 소리로 어리석은 중생을 어지럽히면 스스로 발설지옥에 떨어질 것이로다.

돈각료여래선頓覺了如來禪하니 육도만행체중원六度萬行體中圓이니라.

부처님의 선 도리를 떡 깨달으니 육도만행[보시·지계·정진·인욕·선정·지혜]의 보살행이 당체 속에 뚜렷이 나타났다 그 말입니다. 그대로가 육바라밀이 갖춰져 있는 도리라는 말입니다.

몽리명명유육취夢裏明明有六趣러니 각후공공무대천覺後空空無大千이라.

꿈속에는 육취가 있어서 지옥·아귀·축생·수라·인·천의 육취 중생이 있지만, 깨닫고 보면 텅 비어서 삼천대천세계에 아무것도 없는 거라.

무죄복무손익無罪福無損益하니 적멸성중막문먹寂滅性中莫問覓하라.

죄가 될 것도 복이 될 것도 없고 이익이 될 것도 손해가 될 것도 없으니, 근본의 고요한 성품 중에는 찾고 묻지 마라. 그대로 죄와 복이 떨어진 적적한 세계란 말입니다.

비래진경미증마比來磨鏡未曾磨러니 금일분명수부석今日分明須剖析이로다.

'비래진경미증마'는 자기가 가진 거울에 티끌이 가득 찼는데 그것을 닦지 못했다는 말입니다. 그러니까 내 마음에 탐진치 삼독의 번뇌가 꽉 차서 밝은 빛을 발휘 못 했다는 말이지요. 그런데 오늘은 쪼개고 쪼개어서 분명하고 환하게 그 원리를 알아버렸어요.

수무념수무생誰無念誰無生고 약실무생무불생若實無生無不生이라.

무엇이 무념이고 무엇이 무생인고? 무념이란 소리는 아무 생각이 없다는 말인데, 아까 말한 '절학무위한도인'이라. 아무 생각이 없다면 태평계가 아니겠어요.

우리가 뭘 해보겠다고 하는 데서 고통이 생기고 괴로운 게 있지 아무 해보겠다는 생각이 없으면 무엇이 괴롭겠어요. 중생이 울고 불고 싸우는 것은 어떤 생각에 매달려서 그것을 쟁취하기 위해 투쟁을 벌이는 것인데 무념이라 부처도 생각이 안 난다는 말입니다.

구름 한 점 끼지 않은 청청 가을 하늘처럼 우리 마음에 때 끼지 않고 아무 생각도 없는 이것이 무념입니다. 무념이 된 상태에서 이 글을 봐야 됩니다. 무념이 되기 때문에 취할 것도 버릴 것도 없고 아무 걱정할 것도 없어요. 그런데 무엇이 무념이고 무엇이 무생이냐? 무념이고 무생이고 똑같지요. 무념이면 생각을 내는 게 없으니 무생이지요.

'약실무생무불생'은 실로 생각이 없는 그런 도리는 반대로 생각을 내지 않는 데 있는 게 아니다. 한없이 생각이 일어나는 속에 무념 무생이 있는 것이지 돌덩어리 나무덩어리처럼 아무 감각 없는 그런 것에 있는 것이 아닙니다. 아무런 남(生)이 없어도 환하게 비치는 광명이 있어요. 멍텅구리처럼 멍하니 있는 게 무념 무생이 아닙니다.

속담에 "혼 빠진 할머니가 딸네 집 건너다 보듯 한다."는 말이 있지요. 멍청해서 정신없이 보는 것을 말하는 겁니다. 그런 것이 무념 무생이 아니라, 아무 생각이 없어서 천하를 꿰뚫는 그러한 정신이 빛난다는 말입니다.

여러분이 아무 생각 안 할 때 얼마나 밝은 빛이 뜨느냐. 우리가 무슨 생각을 일으키면, 진심을 일으키든 탐심을 내든 사랑하는 마음을 내든 미워하는 마음을 내든 부처가 될 마음을 일으키든, 무엇이든 일으키면 벌써 파장이 일어나고 괴롭습니다.

생각 없는 것이 돌덩어리가 아니라는 말입니다. 지혜가 빛나고 있는 것을 말해요. 생각 안 할 때 천하를 비추는 마음의 빛이 그 자리에 있어서 그때가 더 밝은 겁니다. 아는 데 걸려 있을 때는 몇 푼어치 빛이 안 돼요. 완전히 다 몰라버리면 천하의 빛이 꽉 차 있어요.

제자들이 부처님을 찾아가서 "세상이 다 번뇌 망상에 타고 있는데 어디 가서 더위를 피하리까?" 하고 물었습니다. 그 질문에 대한 부처님의 말씀이 "더위를 피하려면 불구덩이로 가서 피하라."였어요. 피서를 어디 얼음굴이나 시원한 곳이 아닌 뜨거운 불구덩이 가서 하라 하니 그냥 들으면 억설이지요. 그러나 참으로 더위는 밖으로 찾아 아무리 피하려 해도 피해지지 않아요. 모든 것을 디디고 넘어가야지 그걸 피해 가서는 진정으로 피한다고 할 수가 없다는 말입니다.

환취기관목인문喚取機關木人問하라 구불시공조만성求佛施功早晚成이로다.

'기관목인문'은 허수아비입니다. 나무로 사람 모양을 만들어 옷을 입혀놓고 짐승을 속이는 것이지요. 그 허수아비한테 물어보라는 말입니다.

부처를 구하고 공을 구하면 영원히 부처가 될 수가 없도다. 우리가 아무 생각 없이 있다고 해서 성불하는 것이 아니라는 말입니다. 모든 번뇌 망상은 망상 속에 피하는 법이 있고 더위는 뜨거운 불구덩이에 그 피하는 법이 있어요. 감각 없이 되는 게 아니라는 말입니다.

모든 망상이 일어나는 것은 한없이 일어나는 그 세계 속에 있어요. 허수아비한테 물어보라. 허수아비가 억만 년이 되어도 부처가 될 수 있는지를. 번뇌 없는 그런 세계를 수행해서 얻어야 어디다 꿔다놓은 감각 없는 보릿자루마냥 그렇게 멍하게 있으면서 얻어지는 게 아니라는 말입니다.

부처님은 모든 생각을 탈피했지만 다 판단하고 요리하고 일러주고 가르쳐주고, 중생의 팔만사천 번뇌를 다 꿰뚫고 있어요. 돌덩어리처럼 아무 감각이 없는 게 아닙니다. 잘못 보면 외도 사상으로 보기 쉬운데, 허수아비는 성불한다가 아니라, 허수아비는 억만 년 가도 성불 못 합니다. 사람도 살아 있는 생명체, 펄펄 끓는 용기 있는 사람이 무생 도리를 증득하고 부처가 된다는 말입니다.

그러니 우리가 도를 구하는 것은 이 현실을 피해 어디 다른 데 가서 하는 게 아닙니다. 이 복잡한 현실 속에서 무생 도리를 느끼고 거기서 초월한 세계를 얻는 것입니다. 더위를 시원한 곳이 아닌 불구덩이에서 피하라는 것이지요. 중생의 온갖 번뇌 망상 속에서 무념 무생을 체달하라는 그런 말입니다.

선문에 "저 바윗덩어리가 법문을 할지언정 나는 법문을 못 한다."거나 "허수아비가 성불하고 나무의 저 깃대 저 산봉우리가 성불할지언정" 하는 말이 나옵니다. 그래서 성불하지 못하는 게 없다 했는데, 그것은 어느 입장에서 그런 소리를 했느냐를 잘 살펴봐야 돼요. 바윗덩어리는 자기가 바윗덩어리라 소리를 못 하고 기왓장은 스스로가 기왓장이라 소리를 못 합니다. 결국 그것은 일체

유심조라, 사람이 기왓장을 살리는 대목에 쓰는 말입니다.

유정무정有情無情이 개유불성皆有佛性이라고 부처님이 그러셨는데, 그 대목하고는 달라요. 생물체나 무생물체나 기왓장이나 다 성불한다 했는데, 그것은 주관을 근본 인간에게 둔 입장에서 말한 것이지요.

"대들보가 법문을 할지언정 나는 법문을 못 한다."는 소리는 대들보가 소리를 한다는 말이 아니라 주관적으로 설명한 겁니다. "산꼭대기가 설명해도 나는 설명하지 못한다."는 말은 산꼭대기는 '나'라는 주관이 없으면 표현이 안 된다는 말입니다.

우주 전체가 나를 통해 볼 때 다 성불한다는 말이지 무정물 자체가 성불한다고 생각하면 혼동하는 겁니다. 불교는 철저한 논리이고 철학입니다. 산 정신으로 보는 것과 경계에 팔려서 보는 것은 다릅니다. 불교를 볼 때 문자에 팔리지 않고 어떻게 흘러가는가를 보는 지혜를 가지고 보아야 합니다.

운재청천수재병雲在靑天水在甁, 구름은 하늘에 있고 물은 병 속에 있다. 모든 것은 있을 자리 놓일 자리에 있음이라. 글자 그대로 도를 증득하고 저절로 터져 나온 그 심정을 표현한 노래입니다.

바닷물을 어디 가서 한 방울 찍어 먹어보면 전 세계의 바닷물이 짜다고 알듯이 불법도 하나 알면 다 압니다. 불교는 불이법, 둘이 아닌 하나입니다. 천경만론千經萬論이 다 같은 소리입니다.

방사대막파착放四大莫把捉하고 적멸성중수음탁寂滅性中隨飮啄이어다.

만물을 구성하는 지·수·화·풍地水火風의 네 가지 요소인 사대를 놓아버려 붙잡지 말고 적멸한 성품 따라 먹고 마실지어다.

제행무상일체공諸行無常 一切空하니 즉시여래대원각即是如來大圓覺이로다.

모든 행이 무상하여 일체가 공하니 이는 곧 여래의 대원각이로다.

결정설표진승決定說表眞乘이요 유인불긍임정징有人不肯任情徵이라.

결정이란 변할 수 없는 진리이고, 진승은 근본진리를 말합니다. 다시 변동할 수 없는 진리를 말해요. 그런데 사람들이 그것을 인정하지 않지요. 자기 뜻대로 해석하기 때문에 못 알아듣는다는 말입니다.

직절근원불소인直截根源佛所印이요 적엽심지아불능摘葉尋枝我不能이로다.

바로 끊어서 근본에 들어가는 것은 부처님이 인가하신 것이고, 잎사귀 따고 가지 잡고 하는 것엔 나는 능하지 않다. 근본 세계를 알아버리면 다 알아버린다는 뜻입니다.

마니주인불식摩尼珠人不識하니 여래장리친수득如來藏裏親收得이라.

　마니주란 보배를 사람이 알지를 못하는데, 여래장 속에 친히 얻어 거두어 있는 것이니라. 여래장이란 진여 불성을 말합니다.

　육반신용공불공六般神用空不空이고 일과원광색비색一顆圓光色非色이라.

　여섯 가지 신통은 공하기도 하고 공하지 않기도 하고, 한 덩어리 둥그런 빛은 색이기도 하고 색이 아니기도 하다.

　정오안득오력淨五眼得五力이요 유증내지난가측唯證乃知難可測이라.

　안이비설신의 오안이 청정하여 오력이 그 기운을 얻어 쓰는 것이고, 오직 꿈 깨어 증득한 사람만이 알 뿐 다른 사람들은 가히 측량할 수 없다.

　경리간형견불난鏡裏看形見不難이나 수중착월쟁염득水中捉月爭拈得가.

　거울 속의 그림자는 비치니까 보기가 어렵지 않지만, 물 가운데 떨어진 달을 어찌 거둘 수 있겠느냐.

　상독행상독보常獨行常獨步하니 달자동유열반로達者同遊涅槃路로다.

　항상 홀로 가고 항상 홀로 걸으며, 도를 얻는 사람은 다 똑같이 열반로에서 논다.

제6장 증도가 257

조고신청풍자고潤古神清風自高여 모췌골강인불고貌悴骨剛人不顧로다.

모든 옛 진리는 정신이 청정하고 가풍이 스스로 높아 깨달은 사람만이 알아, 얼굴은 여위고 뼈는 가늘어 사람들이 돌아보지 않도다.

궁석자구칭빈窮釋子口稱貧하나 실시신빈도불빈實是身貧道不貧이라.

부처님 제자들은 궁하다고 항상 말하지만, 진실로 몸은 가난하지만 도 자체는 가난하지 않도다.

빈즉신상피루갈貧則身常被縷褐이요 도즉심장무가진道則心藏無價珍이로다.

가난하여 항상 몸에 누더기를 걸치고, 도를 가진즉 가치로 따질 수 없는 보배로다.

무가진용무진無價珍用無盡하니 이물응시종불인利物應時終不吝이라.

값을 따질 수 없는 그 보배의 쓰임은 다함이 없어, 모든 물질을 이익 되게 하는 데에 응해 언제나 모자람과 인색함이 없다.

삼신사지체중원三身四智體中圓이요 팔해육통심지인八解六通心地印이로다.

삼신과 사지는 본체 가운데 뚜렷이 있고, 팔해와 육신통은 우리 마음 땅의 인이로다. 이게 무슨 소리냐 하면, 여러분도 들어보면 뭔가 거리낌이 없고 통쾌한 게 있지요? 그러니까 우리의 마음자리 하나를 가지고 말한 것입니다. 이 마음자리는 우리가 따지고 해서 알게 되는 게 아니지요. 근본을 가지고 봐야 합니다.

다시 말하지만, 영가 선사가 혼자 토굴에서 공부하다가 꿈을 깼어요. 견성 오도한 거지요. 그런데 육조 스님 제자가 만행하다가 거기 우연히 들렀는데 처음 보는 이 토굴의 중과 이야기해 보니 참으로 통쾌하고 아주 시원해요. 소견이나 모든 것이 자기보다 수승하고. 그러니까 처음 만나도 몇 십 년 사귄 벗과 같이 반갑고 마음이 통했지요. 영가 선사도 마찬가지였고요.

그러니 영가 선사가 육조 스님 제자에게 내 스승이 되어 달라 했어요. 그러나 제자가 보기에 영가 선사가 자기보다 소견이 월등해요. 그러니까 내가 인증해 주는 것은 가벼우니 천하가 인정하는 육조 스님한테 가서 인가를 받는 것이 좋겠다 그랬어요. 그래 육조 스님을 찾아갔어요.

그런데 육조 스님이 방 안에 앉아 계시는데 서너 바퀴 빙빙 돌면서 우두커니 서 있는 거예요. 그러니까 육조 스님이 "사문은 예의범절이 분명해야 하는데 어디서 온 사문인데 이렇게 무례하냐." 하고 물었어요. 그러자 영가 선사가 "나고 죽는 일이 크고 세상이 번개같이 간다."는 소리를 한 거예요. 좀 부연하자면, 생사가 급하고 무상이 신속한데 무슨 예의 같은 느려빠진 소리를 하느냐는 뜻이 내포된 겁니다.

그러니 육조 스님이 말했지요. "무엇 때문에 네가 나지 않는 도리를 체달해 알지 못하고 세월이 빠른 것에 헤매고 있느냐." 이렇게 반문하니 영가 선사가 바로 하는 말이 "체달해 버리면 남이 없고 알아버리면 빠르고 더딘 것도 없다."고 아주 통쾌한 대답을 했어요.

그러니까 육조 스님이 떠나려고 하는 그를 붙잡았습니다. "어찌 그리 빨리 가려고 하느냐?" 하니까 "본시 움직이지도 않는데 빠르고 더딘 것이 어디 있느냐."고 대답했어요. 그 세계가 참으로 통쾌하지요.

그래서 하룻밤을 쉬어가라고 한 겁니다. 하룻밤 거기 있으면서 그 아는 세계가 계합되었다 해서 일숙각一宿覺이라 합니다. 그러니까 전광석화란 말이지요. 말로 되는 게 아니고 눈만 딱 보면 통하는 그런 대목입니다.

이 《증도가》도 그렇게 말로 되는 게 아니라 그 심정을 읊은 것이라 읽어보면 그냥 떠오릅니다. 낱낱이 설명하는 게 더 궁색할지도 모르겠습니다. 여러분이 듣고 떡 읽어보면 저절로 무릎을 치고 통쾌한 소식을 아는 것이라 이 말입니다. 모든 생각을 다 털어버리고 참으로 두 분의 대화마냥 어지러운 가운데서 어지럽지 않는 도리를 설한 것이거든요. 모든 희로애락 속에서 한가한 도리를 말한 것입니다.

처음엔 바쁘고 생사가 무상하다 했지만 한마디 물으니 바로 정신만 차리면 그런 게 없다고 대답을 하는 거지요. 세상을 살아가지만 희로애락의 모든 시비장단 속에서 조금도 걸림 없는 세계, 이게 깨달음의 세계라는 건데, 보통 사람들은 항상 어딘가에 걸려 자유롭지가 않아요.

기쁜 데 걸리고 슬픈 데 걸리고 원수에 걸리고 사랑하는 데 걸리고 전체에 걸려서 쩔쩔매고 헤매요. 영가 선사처럼 그렇게 자유롭지 못하다는 말입니다. 무상이 신속하고 급하다는 소리를 했지만 반문하니까 하등 상관없는 그 세계에서 자유자재했어요. 그렇게 되는 세계를 노래한 것이 이 ≪증도가≫입니다.

증도했다고 해서 돌덩어리처럼 아무 감각 없이 산다는 것이 아니지요. 복잡함 속에서 한가하게 사는 세계를 한번 알아내자는 겁니다.

그래서 참선을 한다, 화두를 한다, 뭐를 한다 하는 것도 벌써 이 근본인 ≪증도가≫ 정신에서 벗어난 겁니다. 우리가 뭐를 한다 하면 벌써 한다는 데 걸려요. 그 근본 마음자리란 어느 시간에도 없는 때가 없고 어느 공간에도 없는 공간이 없어요. 그걸 불교에서는 마음이라고 하지요.

심즉시불心卽是佛이라, 마음이 바로 부처입니다. 마음을 집에 두고 온 이는 없습니다. 가나오나 항상 가지고 있는 것이 마음이지요. 마음 없는 공간이 어디 있고 마음 없는 시간이 어디 있겠습니까.

생각해 보세요. 송두리째 마음입니다. 그래서 불교는 마음 찾는 공부입니다. 바깥으로 위대한 신이니 뭐 위력적인 존재를 구하는 게 아닙니다. 전부가 자기 마음이고 마음에서 일어난다, 이게 불교입니다. 이 ≪증도가≫ 골수만 이해하면 혼자 가보면 다 알아지는 겁니다.

그전에 해인사나 통도사같이 큰 절에는 강사가 있었어요. 강사는 부처님의 팔만사천 경전을 가르치고 수백 명의 제자를 거느리고 있었습니다.

≪원각경≫에 보면 이런 말이 있습니다. 무변허공 각소현발이라. 어디가 허공 끝이겠어요? 허공은 시작도 끝도 없다는 말입니다. 깨달을 각覺 자는 부처라는 말이지요.

그런데 이 강사가 이것을 "무변허공에서 깨달음이 일어난다."고 가르치고 있었어요. 그때 마침 객으로 간 눈 밝은 수좌가 옆에서 듣다 보니 그 강사란 사람이 불교를 모르고 하는 소리인 거예요. 수백 명의 학인을 가르치는 사람이 저렇게 가르치니 큰일이라는 생각이 들었지요. 자기 하나 버리는 것은 모르지만 많은 제자를 다 그르치게 가르치는 건 문제다 싶었습니다.

그래서 "불교를 꿈에도 모르는 무슨 그런 소리를 하느냐. 그 구절이 무변허공에서 각이 일어난다는 소리냐? 무변허공이 각에서 나왔다고 해야지." 하고 말했어요.

기독교나 천주교나 다른 종교는 전부 바깥에서 진리를 구합니다. 한없는 허공에서 어느 신이 조물주가 만물을 만들었다고 하지요. 인간도 조물주가 만들었으니 우리는 절대 조물주를 존경하고 거기에 매달려야지 거기를 이탈하면 아무리 착해도 그것은 사탄이고 마구니라고 말합니다.

그런데 그 강사가 그런 식으로 가르치고 있었다는 말이지요. 부처가 무변허공에서 나타났다고 말입니다. 이것은 불교와 근본적으로 다른 말이지요.

무변허공이 내 마음에서 일어났다. 불교는 이렇게 가르쳐야 합니다. 일체유심조라. 마음이 지옥도 만들고 천당도 만들고 원수도 만들고 친한 이도 만들고 전부가 다 마음 놀음이라 이 말입니다. 마음 빼놓으면 없어요. 어느 제삼자가 그렇게 만드는 게 아닙니다. 석가모니 부처님이 천상천하유아독존이라 했어요. 말하는 방법과 각도만 다르지 다 똑같은 소리입니다.

그러니 가없는 허공에서 부처가 난다 하니 그건 불교와는 정반대되는 소리입니다. 가없는 무한한 허공도 내 마음에서 일어난다고 불교는 가르쳐야 한다 이 말입니다.

우리 이 육체는 육척단구로 얼마 안 되지만 우리 마음은 끝이 없습니다. 내 마음이 없으면 우주가 없고, 내 마음이 없으면 시간도 없고 공간도 없어요. 내 마음이 있음으로 해서 모든 게 있는 것입니다.

그런데 그 강사가 잘못된 소리를 하니 눈 밝은 수좌가 부아가 났겠지요. 그래서 잘못됐다고 말했지만 대중이 들은 척도 안 하는 겁니다. "그분은 산중의 어른이시고 도인이고 큰 강사야. 네가 뭐

안다고 그따위 소리를 하느냐."는 겁니다. 그 수좌 입장에선 혼자 같으면 자기 일이니까 별 상관을 안 하겠지만 많은 사람을 그르치는 일이라 상관 안 할 수가 없는 문제였지요. 그래서 재판을 하자고 했어요.

절에 가면 불법을 옹호하는 화엄신중이 있어요. 삼십삼천 이십팔천을 보호하는 외호 신장을 모신 곳이 신중당입니다. 별도로 안 모셔도 신중님은 절에 다 있으니 상관이 없지만, 통도사나 범어사나 해인사에 가면 신중당이 있습니다. 신중님은 불교를 방해하는 사람에게 철퇴를 내리고 불교를 밝히고 보호하는 의무를 가졌습니다.

그래 그 수좌가 신중님에게 가서 재판을 하자 하니 그걸 무시할 수가 없었지요. 그래서 그렇게 하자고 해 산중의 대중을 모이게 하려고 큰 대종을 울렸습니다. 산중의 대중과 등산 온 사람까지 재판을 한다 하니 볼거리라 해서 구경하러 와서 수백 명이 운집했습니다.

신중님께 재판을 청하려면 한턱을 내야 하니 적을 부치고 떡을 하고 마지를 지어서 한 상 차려놓고는 불법을 보호하는 것이 신중님의 일이니 옳고 그름을 분명히 밝히라고 청했어요. 만약 이것을 밝히지 않으면 신중님이 뭣 때문에 필요하냐. 찢어서 태워 없애야겠다. 분명히 책임을 져야 한다. 이것은 중대한 일이다. 불교가 바로 서느냐 병드느냐 하는 중대한 대목인데 신중님이 그것도 책임

如雞抱卵

無為精舍
西庵

안 지고 돌아앉아 낮잠만 자서야 되겠느냐. 누가 잘못했는지 증명해 달라고 이렇게 축원을 하니, 갑자기 바람이 휙 불더니 강사인 월봉 스님의 목이 떨어졌다고 하는 그런 역사가 있습니다. 그래서 월봉 외도라는 말이 있습니다.

불교는 바른 안목이 중요합니다. 우리가 마음 밖에서 다른 것을 찾으면 이것은 외도입니다. 마음은 모양이 없습니다. 둥근 것도 아니고 모가 난 것도 아니고 붉고 푸른 빛깔이 있는 것도 아니요 부드럽고 영근 것도 아닙니다.

한없는 우주의 삼천대천세계도 이 마음속에서 일어나는 그림자입니다. 이것 참 통쾌한 소리 아닙니까. 다른 데선 이런 소리를 한 데가 없어요. 오직 부처님만이 마음과 부처와 중생이 조금도 차별이 없다 말씀하셨어요.

여러분 한번 생각해 보십시오. 마음은 항상 자기 전체를 포괄하는 주인입니다. 우리가 마음 가지고 잘사니 못사니 미우니 고우니 하는 것이지 그 마음 빼놓으면 자기가 어디 있느냐는 말이지요.

마음은 없는 곳이 없어요. 우주의 무한한 공간에 띄워 봐도 그 자리가 그 자리입니다. 가고 옴이 없어요. 물체는 가고 오고 걸리지만 마음은 빛과 모양이 없으므로 어디 걸림이 없습니다.

이렇게 위대한 마음을 가지고 있지만 우리는 그것을 망각하고 살지요. 그래서 마음을 바르게 알고 살아라. 이게 바로 불교입니다. 불법은 먼 데서 찾는 게 아닙니다. 글자 하나 모르는 사람도 불법을 알 수 있습니다. 항상 있는 자기 마음 하나 해결하는 게 불교의 가르침입니다. ≪증도가≫는 이런 마음 깨친 것을 노래한 것이니 그 내용을 죽 읽으면 느낌이 올 겁니다.

상사일결일체료上士一決一切了니와 중하다문다불신中下多聞多不信이라.

상사는 일등 선비로 불교에서 상근기를 말합니다. 하나를 이야기하면 일체를 다 알아들어요. 이와 같이 근기가 높은 선비는 하나를 알면 다 알아버리지만, 중근기나 하근기는 이야기를 많이 들어도 믿지를 않아요. 하지만 그렇다고 중근기나 하근기가 따로 정해져 있는 것은 아닙니다. 잘못 알아들으면 그것을 중근기다 하근기다 그러는 거지 거기에 무슨 규정은 없어요.

단자회중해구의但自懷中解垢衣어니 수능향외과정진誰能向外誇精進가.

다만 스스로 마음속의 때 묻은 옷을 벗어버리라는 말입니다. 누가 밖으로 정진을 자랑할 것인가? 자랑할 게 못 된다는 말이지요.

종타방임타비從他謗任他非하라 파화소천도자피把火燒天徒自疲로다.

다른 사람이 비방하더라도 거기 맡겨두어라. 불로 하늘을 태우려 하면 스스로 피곤할 뿐이다. 불로 하늘을 태우려 한다 해도 태우거나 그슬릴 수가 있겠느냐.

제6장 증도가 267

아문흡사음감로我聞恰似飮甘露하야 **소융돈입부사의**銷融頓入不思議로다.

내 듣기엔 마치 감로수를 마심과 같아서 단박에 부사의의 도리에 들어간다. 설명되지 않는다 그 말이지요.

관악언시공덕觀惡言是功德이니 **차즉성오선지식**此則成吾善知識이라.

남이 내게 악한 말, 듣기 싫은 말을 할 때 관찰해 보면, 이것이 오히려 내게는 공덕이 된다는 것이지요. 누군가가 나를 악하게 비방하면 그 비방 때문에 내 인생을 다시 한 번 더 다져보고 연구하게 되니 오히려 공덕이 됩니다. 누군가가 나를 칭찬하면 그냥 만족해 버리니까 거기 대해 다시 돌아보고 할 그런 것이 없잖습니까.

그러니 내게 듣기 싫은 말을 해주는 사람이 오히려 선지식이라, 따로 선지식이 없다는 말입니다. 그이를 통해 내가 배우고 다져나가니까 남이 비방한다 해도 그것이 터럭만큼도 내게 손해되는 게 아닙니다. ≪명심보감≫에도 이런 말이 있습니다. "나를 나쁘다고 하는 사람은 내 스승이고 나를 착하다고 하는 사람은 내 적이다."

불인산방기원친不因訕謗起怨親하면 **하표무생자인력**何表無生慈忍力가.

나를 헐뜯고 비방하는데 원수 맺고 친함을 일으키지 않는다면,

남이 없는 그 근본 자리의 자인력을 어떻게 표시할 수 있겠느냐. 나를 비방하고 헐뜯는 사람 때문에 비로소 자인력을 보이게 된다는 말입니다.

종역통설역통宗亦通說亦通이요 정혜원명불체공定慧圓明不滯空이라.

근본진리에도 통하고 모든 설법에도 통하니 정과 혜가 뚜렷이 밝아 공에 걸리지를 않는다.

비단아금독달료非但我今獨達了요 하사제불체개동河沙諸佛體皆同이로다.

비단 나만 홀로 깨달아서 안 게 아니라 항하사 부처님의 모든 근본 당체가 다 같도다.

사자후무외설獅子吼無畏說에 백수문지개뇌열百獸聞之皆腦裂하고

사자가 두려움 없이 큰 소리로 외치니 백의 짐승이 이 소리를 듣고 뇌수가 다 찢어진다. 큰 법문을 들으면 하근기인 소인배들은 머리가 찢어진다는 말입니다.

향상분파실각위香象奔波失却威요, 천룡적청생흔열天龍寂聽生欣悅이라.

향상은 큰 코끼리로 중근기를 말하는데, 이는 분주하게 달아나

그 위의를 잃어버리고, 상근기인 하늘과 용은 고요히 듣고 기쁨을 낸다는 말입니다. 더 설명할 필요 없이 다 드러났지요. 그 경계를 감당하는 게 사실 쉬운 게 아닙니다. 망상을 다 쉬고 딱 거기 앉아서 생각해 보면 그런 생각이 떠오릅니다.

유강해섭산천遊江海涉山川하야 심사방도위참선尋師訪道爲參禪이라.

강과 바다에서 놀고 산천을 섭렵해요. 그러니까 이 세계 모든 곳을 돌아다녀 강산을 구경하는 것도 다 참된 인물이 있나 하고 스승을 찾고 도를 찾고 참선을 한다는 말입니다.

자종인득조계로自從認得曹溪路는 요지생사불상간了知生死不相干이로다.

조계로라 하면 육조 스님의 길이지요. 내가 조계를 안 것은, 육조 스님을 만난 뒤에는 나고 죽는 것이 아무 상관없음을 완전히 알아버렸다는 말입니다. 그러니까 죽고 사는 그 길이 해결되었다는 겁니다.

우리가 그렇잖아요. 자기가 깨달았다 해도 확신이 없는 거지요. 그러다가 어느 누군가 동조자가 나올 때 확신이 들잖아요. 그렇듯이 내가 분명히 알았지만 이것보다 더 나은 진리가 있는지 아니면 나 혼자 깨달았다고 착각하는 건지 증명이 안 되니 알쏭달쏭하지요. 영가 스님은 혼자 공부해서 깨달은 독각승이어서 자기가 깨달았다는 것을 완전히 자신할 수는 없었던 거지요.

돈오점수頓悟漸修라는 말이 있습니다. 우리가 깨달았다고 해서 완전히 깨달은 것은 아니란 말이지요. 견성했다고 해서 완전히 부처가 된 것은 아닙니다. 어린이는 완전한 사람이 된 게 아니잖아요. 몇 해 교육도 받고 완전히 크고 기술도 배워야 완전한 인간이 됩니다. 그처럼 어느 순간 깨달았다 해도 그게 완전하게 될 때까지 어느 정도 시간이 걸린단 말입니다. 그래서 견성 오도하고 보림한다고 말하는 겁니다. 그게 돈오점수입니다.

행역선좌역선行亦禪坐亦禪이니 어묵동정체안연語默動靜體安然이라.

가는 것도 선이요 앉아 있는 것도 선이니, 말할 때나 말 안 할 때나 움직일 때나 고요할 때나 항상 그 당체가 편안하다.

종우봉도상탄탄縱遇鋒刀常坦坦하고 가요독약야한한假饒毒藥也閑閑이로다.

큰 칼날과 무기를 만나도 항상 탄탄대로요, 독한 약을 먹었다 해도 마음은 항상 한가하다. 예전에 당나라의 삼장법사 구마라습鳩摩羅什 문하에 승조僧肇라는 제자가 있었는데 나이 삼십에 누명을 쓰고 사형대 위에 섰는데도 당당했습니다. 또 달마 스님도 그를 제거하려고 보낸 독약 앞에서 태연했지요. 이것을 말하는 겁니다.

아사득견연등불我師得見燃燈佛하고 다겁증위인욕선多劫曾爲忍辱僊이로다.

내 스승인 부처님은 연등불을 친견해서 다겁에 인욕하는 그런 공부를 했도다.

기회생기회사幾廻生幾廻死오, 생사유유무정지生死悠悠無定止로다.

몇 번이나 이 몸을 받아 나고 몇 번이나 죽었던가. 나고 죽는 게 유유해서, 다시 말해 물 흐르듯 끝이 없어서 그치지 않는구나.

자종돈오료무생自從頓悟了無生으로 어제영욕하우희於諸榮辱何憂喜아.

스스로 생사 없는 도리를 깨달아 알았으니 모든 영화와 욕됨에 기뻐하고 슬퍼할 이유가 있겠느냐. 사람들은 영화스러울 때에는 기뻐하고 욕될 때는 슬퍼할 것 아니겠어요. 그 영욕에 좌우될 게 하나도 없다는 이야기지요.

입심산주란야入深山住蘭若하니 잠음유수장송하岑崟幽邃長松下로다.

란야는 절입니다. 깊은 산에 떡 들어가 란야에 머무르니, 그 높은 멧부리와 그윽한 골짜기의 낙락장송 밑이라. 자연 그대로라는 말이지요.

우유정좌야승가優遊靜坐野僧家하니 격적안거실소쇄闃寂安居實蕭灑로다.

절에 고요히 앉아 있으니 고요하고 편안하며 바람소리는 참으로 맑고 시원하다.

각즉료불시공覺卽了不施功이니 일체유위법부동一切有爲法不同이로다.

탁 깨달아 알아버리니 공덕을 베풀 게 없다. 일체의 유위법과 같지가 않구나. 전부 다 깨달은 경계를 말하는 겁니다.

주상보시생천복住相布施生天福이나 유여앙전사허공猶如仰箭射虛空이라.

상에 걸려 보시하는 것은 하늘에 나는 복이지만, 마치 허공에 화살을 쏘는 것과 같도다.

세력진전환추勢力盡箭還墜하니 초득래생불여의招得來生不如意로다.

그 힘이 다하면 화살은 도로 떨어져 다음에 오는 내생은 내 뜻대로 안 된다.

쟁사무위실상문爭似無爲實相門에 일초직입여래지一超直入如來地리오.

어찌 무위의 실상문에 단번에 부처의 세계에 들어가는 것과 같겠느냐.

단득본막수말但得本莫愁末이니 여정유리함보월如淨瑠璃含寶月이로다.

그 근본을 얻고 지말을 근심하지 마라. 깨끗한 유리가 보배 달을 포옹하는 것과 같다.

기능해차여의주旣能解此如意珠하니 자리이타종불갈自利利他終不竭이로다.

이미 이런 여의주를 풀어버리니 자기에게도 이익이 되고 남에게도 이익이 되어 마침내 모자람이 없다.

강월조송풍취江月照松風吹하니 영야청소하소위永夜淸宵何所爲아.

강에 달 비치고 솔바람은 불어오니, 긴 밤 맑은 하늘에 할 게 뭐가 있겠느냐.

불성계주심지인佛性戒珠心地印이요 무로운하체상의霧露雲霞體上衣로다.

부처님 성품의 빛나는 구슬은 마음에 인을 찍고, 안개와 이슬, 구름과 노을은 내 당체 안의 옷이로다. 자연 속에서 아무 거리낌 없는 것을 노래한 거지요.

항룡발해호석降龍鉢解虎錫이여 양고금환명역력兩鈷金環鳴歷歷이로다.

용을 항복시킨 발우와 호랑이를 풀어준 석장이여. 옛날에 부처님이 외도들이 화룡을 섬기는 데 가서 하루 묵겠다고 하니, 그들이 부처님을 화룡이 사는 곳에 있게 했습니다. 그래 부처님이 삼매의 불꽃을 일으키니 용이 이 불길을 피해 부처님의 발우 속에 들어왔고, 그것을 본 가섭 삼형제와 그의 제자들이 부처님께 귀의했다는 이야기가 있어요. 정력定力으로 항복을 받은 거지요.

또 싸움하는 호랑이 둘을 육환장을 가지고 갈라놓았다는 것은 승조 스님 일화입니다. 승조 스님이 산길을 가다 보니 호랑이 두 마리가 싸우고 있었습니다. 그래 서로 상할 것을 염려해 "싸울 일 뭐 있나. 서로 잘 지내거라." 하고 육환장으로 호랑이 머리를 몇 번 툭툭 건드리니 서로 헤어져 가더라는 이야기지요. 그런데 그 육환장의 두 금환이 아주 역력하게 울린다 이 말입니다.

예전 스님들은 육환장을 지팡이로만 생각한 게 아니라 불법 진리 전체를 표현하는 것으로 생각했어요. 그래 육환장을 짚고 다니면서 불법을 항상 실천한 거지요. 이것을 짚고 다닌다는 것은 중도에 의지해서 정등각을 얻는다는 것이고 진속이제眞俗二諦와 육도를 원만히 성취한 사람이란 뜻입니다. 또 성취 못 했으면 그렇게 되도록 닦아간다는 말입니다.

불시표형허사지不是標形虛事持요 여래보장친종적如來寶杖親蹤跡이로다.

이는 헛되이 하는 게 아니라 부처님의 보배 지팡이가 친히 일어나는 자취라 이 말입니다.

불구진부단망不求眞不斷妄하니 요지이법공무상了知二法空無相이로다.

참됨도 구하지 않고 망념을 끊지도 않아, 진이나 망이나 두 법이 다 허깨비로다.

무상무공무불공無相無空無不空이요 즉시여래진실상即是如來眞實相이로다.

상이 없는 거나 공한 거나 공하지 않은 거나 그대로가 다 부처님의 진실상이로다.

심경명감무애心鏡明鑑無碍하여 확연영철주사계廓然瑩徹周沙界로다.

마음의 거울이 밝고 또 그 거울은 아무 거리낌이 없어서 밝고 투명한 빛이 두루 사계에 빛나고 있도다. 사계는 항하의 모래알과 같이 수많은 세계를 말합니다.

만상삼라영현중萬象森羅影現中이요 일과원명비내외一顆圓明非內外로다.

모든 일이 그림자 속에 나타나고 한 덩어리 뚜렷한 밝음은 안팎이 없다.

활달공발인과豁達空撥因果하여 망망탕탕초앙화茫茫蕩蕩招殃禍로다.

탁 트여 거리낌이 없어 인과를 초월했어요. 그러니까 텅 비었으니 인이니 과니 하는 소리가 안 붙는다는 말입니다. 다 비었으니 생사에 걸릴 것이 없으니 인과에 걸릴 것이 없잖아요. 부처가 와도 상관이 없어요. 오히려 부처도 밀어붙일 판입니다. 초월한 그 경계에 있으니까 인과를 초월했어요.

하지만 그렇다고 인과 자체를 부인하는 건 아닙니다. 인과를 부인하면 부처님 법을 부인한다는 소리거든요. 자기는 인과와는 상관없는 경지에 이르렀으나 인과법을 버리면 많은 재앙을 불러들인다는 걸 아는 거지요. 가령 내가 술을 한 동이 먹고도 안 취한다 해서 술은 안 취하는 것이라고 할 수는 없다는 겁니다. 망망은 수면이 넓고 아득한 모양을 말하고, 탕탕은 물의 기세가 대단한 것을 말합니다.

기유착공병역연棄有著空病亦然**이니 환여피익이투화**還如避溺而投火**로다.**

유를 버리고 공에 집착하면 그 또한 병이러니 마치 홍수를 피해서 가다 되레 불길을 만난 것과 같다.

사망심취진리捨妄心取眞理**여 취사지심성교위**取捨之心成巧僞**로다.**

망심을 버리고 진리를 취하는 것, 취하고 버리는 그 마음도 허위라는 말입니다.

학인불료용수행學人不了用修行하니 진성인적장위자眞成認賊將爲子로다.

배우는 사람이 수행하는 방법을 모르니 참으로 도둑놈을 자기 아들로 삼은 것과 같도다.

손법재멸공덕損法財滅功德은 막불유사심의식莫不由斯心意識이라.

법의 재물을 손해 보고 모든 공덕을 멸하는 것은 전부 마음에서 하는 것이라.

시이선문료각심是以禪門了却心하고 돈입무생지견력頓入無生知見力이로다.

이렇게 해서 선문에는 마음을 다 깨달아 남[生]이 없는 지견력에 들어가는 것이다.

대장부병혜검大丈夫秉慧劍하니 반야봉혜금강염般若鋒兮金剛焰이로다.

대장부가 지혜의 칼을 빼어드니 반야봉의 칼날에 금강의 불꽃이로다. 아무 거리낌 없는 오자의 세계를 노래한 것이지요.

비단능최외도심非但能摧外道心이요 조증락각천마담早曾落却天魔膽이로다.

외도의 마음을 항복받는 것만 아니라 일찍이 하늘세계 천마들의 간담을 서늘하게 다 끊어놓는다.

진법뢰격법고震法雷擊法鼓여 포자운혜쇄감로布慈雲兮灑甘露로다.

법의 우레가 진동하고 법고의 두드림이로다. 자비스런 구름의 펼침으로 감로수를 뿌림이다. 도인의 경계를 말합니다.

용상축답윤무변龍象蹴踏潤無邊하니 삼승오성개성오三乘五性皆醒悟로다.

용상 대덕이 끝이 없으니 삼승과 오성이 다 깨친다. 용과 코끼리는 짐승 중에서 가장 수승한 것을 말합니다. 일체중생이 다 깨닫는다는 말이지요.

설산비니갱무잡雪山肥膩更無雜이라 순출제호아상납純出醍醐我常納이로다.

설산이란 인도의 설산을 말하는데, 설산의 비니란 풀은 아주 높은데 살고 향취가 나고 아름답기만 하지 잡된 게 없다는 말입니다. 그러니까 잡된 사상이 없다는 것인데, 도인이 사는 세계는 깨끗해서 잡된 것이 없다는 것을 비유한 겁니다.

순출한 제호란 향취 나는 젖으로 만드는 것을 말해요. 비린내 나는 젖이 아니라 설산의 비니를 먹고 사는 소의 우유란 말이지요. 그런 순수한 젖으로 만든 제호를 내가 항상 받아먹고 산다는 말입니다. ≪증도가≫가 어떠한 잡된 것도 섞이지 않은 세계에서 사는, 도를 증득한 사람이 부른 노래라는 것을 염두에 두면 쉽게 해석이 되지요.

일성원통일체성一性圓通一切性하고 일법변함일체법一法徧含一切法하니

한 성품이 일체의 성품에 뚜렷이 통하고 한 법이 우주 법계의 법을 다 포함하니

일월보현일체수一月普現一切水하고 일체수월일월섭一切水月一月攝이로다.

하나의 달이 모든 물에 두루 나타나고, 모든 물의 달은 하나의 달로 거두어진다. 따로 있지 않다는 말입니다.

제불법신입아성諸佛法身入我性하고 아성환공여래합我性還共如來合이라.

모든 부처님의 성품이 내 성품에 들어오고 내 성품이 모든 시방 부처의 성품에 들어간다.

일지구족일체지一地具足一切地하니 비색비심비행업非色非心非行業이로다.

여기서 지란 일지, 이지, 삼지, 십지 하는 보살의 수행 단계를 말합니다. 그 일지가 일체지를 구족하니 색도 아니고 마음도 아니고 행도 아니고 업도 아니라는 말입니다.

탄지원성팔만문彈指圓成八萬門**하고 찰나멸각삼지겁**刹那滅却三祇劫**이로다.**

손가락 튕길 동안에 팔만법문이 뚜렷이 이루어지고 찰나 동안에 삼아승지겁이 없어진다. 삼지겁은 삼아승지겁을 줄인 말인데 보살이 성불하는 데 걸리는 시간을 말합니다.

일체수구비수구一切數句非數句**여 여오영각하교섭**與吾靈覺何交涉**가.**

일체의 한없는 글이 있지만 그건 글이 아니니 거기 걸리지 않고, 내가 깨달았는데 무슨 교섭할 게 있느냐. 깨닫고 보면 깨달음이 따로 있는 게 아니라는 말입니다. 그러니까 산 법문을 깨치고 보면 들을 것이 없다는 말입니다.

불가훼불가찬不可毁不可讚**이여 체약허공물애안**體若虛空勿涯岸**이로다.**

훼방을 할 수도 없고 칭찬도 할 수 없는데, 그 근본 자리는 저 허공 같아서 아무 거리낌이 없도다.

불리당처상담연 不離當處常湛然하니 멱즉지군불가견 覓則知君不可見이라.

근본 자리를 여의지 않고 담연하다는 말이지요. 담연은 청정하여 때가 없는 것을 말합니다. 그러니까 항상 맑을 수밖에요. 그런데 그대가 찾는 그놈이 그 자리인데, 보지를 못합니다.

취부득사부득 取不得捨不得하니 불가득중지마득 不可得中只麼得이라.

그리고 그놈은 취할 수도 버릴 수도 없어요. 그 얻지 못한 데서 바로 얻은 거지요.

묵시설설시묵 默時說說時默이여 대시문개무옹색 大施門開無壅塞이로다.

가만히 묵묵할 때 설하는 게 되고 설하는 것이 오히려 잠잠하단 말이지요.

무슨 소리인지 잘 모르겠지요. 이게 생각 가지고는 안 되는 겁니다. 생각을 비우는 데서 이해가 됩니다. 아무 생각 없을 때 가만 있을 때 천하 이치를 다 설하는 이치가 있고 무슨 잔소리를 실컷 해봐야 그건 아무것도 아닙니다. 근본 그 자리를 넘어가지 못한다는 말이지요. 그런데 그게 크게 문을 떡 열어놓으니 옹색함이 없어요. 마음의 문을 열어놓으면 어떠한 경계도 없어 다 통한다는 겁니다.

유인문아해하종有人問我解何宗하거든 보도마하반야력報道摩訶般若力하라.

어떤 사람이 내게 가장 중요한 것이 뭔지를 알고자 하면 마하반야의 힘이라 말하라. 마하반야는 우리 근본 마음자리를 말합니다.

혹시혹비인불식或是或非人不識하고 역행순행천막측逆行順行天莫測이로다.

옳고 그른지를 사람들이 알지 못하고 거슬러 가는 것과 순응해서 가는 것을 하늘세계도 헤아리지 못한다. 우리의 사량 분별과 언설로는 통하지 않는다는 겁니다.

오조증경다겁수吾早曾經多劫修라 불시등한상광혹不是等閒相誑惑이로다.

내가 일찍이 모든 것을 다겁 다생에 다 닦아 걸릴 게 없어 한가해 어지럽고 광혹한 게 없다는 말입니다.

건법당입종지建法幢立宗旨요 명명불칙조계시明明佛勅曹溪是로다.

법당을 세우는 것은 불교의 근본을 세우는 것이요, 밝고 밝은 부처님이 말씀하신 조계는 그 근본이로다. 옳을 시是 자는 진리라는 말입니다. 조계라는 지방에서 육조 스님이 부처님 법을 크게 설했고 많은 제자들이 불법을 밝혔기에 조계종이라고 했어요.

제일가섭수전등第一迦葉首傳燈하니 이십팔대서천기二十八代西天記로다.

제일 제자인 가섭 존자가 으뜸으로 부처님의 등을 얻어 전했고, 28대까지는 서천의 기록이로다. 서천은 인도를 말합니다.

법동류입차토法東流入此土하여서는 보리달마위초조菩提達磨爲初祖로다.

법이 동쪽으로 들어와 중국 땅에 이르러서는 보리달마가 처음으로 법을 전했다.

육대전의천하문六代傳衣天下聞하니 후인득도하궁수後人得道何窮數아.

보리달마에서 이조 혜가, 삼조 승찬, 사조 도신, 오조 홍인, 육조 혜능까지 부처님의 의발을 전했으니 천하가 다 알게 되었지요. 그다음 득도한 이가 수를 헤아릴 수 없이 많아 끝이 없는데, 많은 도인이 육조 스님 이후에 일어났다는 말입니다.

진불립망본공眞不立妄本空이여 유무구견불공공有無俱遣不空空이라.

진리는 세울 것도 없으며 망상은 본래 공한 것. 있고 없는 것이 함께 공하지 않은 게 없다는 말입니다.

이십공문원불착二十空門元不著하니 일성여래체자동一性如來體自同이

제6장 증도가 285

로다.

이십공문은 ≪대반야경大般若經≫에 나오는 말입니다. 옛날 조사들이 공한 것을 내공內空 외공外空을 비롯해서 논리적으로 깊이 있게 나눠 스무 가지가 있어요. 어떠한 공에도 다 착하지 않는 것이니 한 성품인 부처님의 본체와 저절로 같아진다는 말입니다.

심시근법시진心是根法是塵이니 양종유여경상흔兩種猶如鏡上痕이라.

마음은 근본이고 법은 마음의 티끌이지만 두 가지가 다 거울에 남은 흔적이다.

흔구진제광시현痕垢盡除光始現이요 심법쌍망성즉진心法雙亡性卽眞이로다.

그 흔적과 때가 다 벗겨지면 비로소 빛이 나타나는데, 마음과 법이 다 없어지면 근본 성품이 드러나리라.

차말법오시세嗟末法惡時世여 중생박복난조제衆生薄福難調制로다.

말법시대가 되어 세상이 잘못된 이 악시대가 슬퍼라. 중생의 복이 엷어 잘못된 시대를 조정하여 제어하지 못하는구나.

거성원혜사견심去聖遠兮邪見深이여 마강법약다원해魔强法弱多怨害로다.

성인이 간 지 오래되고 삿된 소견만 깊어졌구나. 마구니들은 강하고 법은 약해서 원망하고 해치는 일만 많도다.

문설여래돈교문聞說如來頓敎門하고도 한불멸제령와쇄恨不滅除令瓦碎로다.

돈교문은 근본 교리를 말합니다. 그러니까 여래의 돈교문을 듣고도 허무한 것이지요. 와쇄는 기와장이 부서진 것으로 허깨비를 말합니다. '한불멸제령와쇄'라 하면, 이 허무한 것을 멸제하는 것을 모르는 것이 한스럽다는 말입니다.

작재심앙재신作在心殃在身하니 불수원소갱우인不須怨訴更尤人이어다.

마음이 지어서 몸에 재앙이 온다는 말입니다. 그러니까 마음이 지어 일어나는 원리를 모르고 껍데기인 사람을 헐뜯는다는 말입니다. 모든 것은 그 초점이 마음에 있는 것이지 몸뚱이에 있는 것이 아니라는 것이지요.

욕득불초무간업欲得不招無間業커든 막방여래정법륜莫謗如來正法輪하라.

무간지옥에 떨어질 만한 업을 짓지 않으려거든 부처님의 바른 가르침을 비방하지 마라.

전단림무잡수栴檀林無雜樹하니 울밀심침사자주鬱密深沈師子住로다.

전단향 숲에는 잡된 나무가 섞이지 않고 아주 울창하고 깊숙해서 사자가 항상 살고 있도다. 전단향은 향나무 가운데서도 제일 좋은 향나무인데, 이 전단향 숲에는 잡나무가 살 수 없다 이 말입니다.

경정림한독자유境靜林閑獨自遊하니 주수비금개원거走獸飛禽皆遠去로다.

고요한 숲이라 한가하게 혼자 거니노니 짐승과 나는 새들이 다 멀리 달아난다. 부처님의 이 위대한 법에는 어떤 삿된 법도 가까이 올 수 없다는 것을 비유하고 있습니다.

사자아중수후師子兒衆隨後하고 삼세즉능대효후三歲卽能大哮吼로다.

사자는 짐승 중에도 가장 용맹한 왕이라 부처를 사자에 비유합니다. 새끼 사자들이 무리지어 그 뒤를 따르고, 세 살만 되어도 크게 포효하며 우는구나.

그러니까 여기에는 다른 게 붙지 않는다는 말입니다. 한번 불자가 되면 그만이지 새끼 사자든 어른 사자든 상관없다는 말입니다. 부처님의 정법안장을 바로 알면 누구나 사자일 수 있지만, 그게 비틀어지면 아무리 훌륭해도 소용없다는 거지요. 여기는 근본진리를 나툰 것입니다.

근본 안목이 있는 사람은 꼬마라도 위대한 사자란 말이지요. 새끼 사자는 근본진리를 말하는 것이니까요. 근본진리는 무위법이라 일체 유위법과는 다르다는 말입니다.

약시야간축법왕若是野干逐法王이면 백년요괴허개구百年妖怪虛開口로다.

야간은 여우를 비유한 겁니다. 만약 옳게 알지 못하는 무리들이 이 법왕을 따르면 백 년 묵은 요괴스런 물건들이 헛되이 입만 놀리는 형국이라.

원돈교물인정圓頓敎勿人情이니 유의불결직수쟁有疑不決直須爭이어라.

원교, 돈교는 일승교를 말하는데, 근본 대승법을 말합니다. 원돈교에는 어떠한 인정이 붙지 않는다. 즉 사사로운 이해나 알음알이가 붙지 않는다는 말이지요. 투철한 것을 말해요.

원돈교는 의심이 붙지 않는 것이라 의심이 끊어지지 않으면 바로 다툼이 있다. 어지러움이 있다, 헤맨다는 말입니다. 다시 말해 이것은 의심이 일체 붙지 않는 도리를 말하는 거지요.

불시산승정인아不是山僧逞人我 수행공락단상갱修行恐落斷常坑이로다.

이 산승이 인상이나 아상을 가진 사람들에게 이 도리를 드러내 주지 않으면 수행하는 사람이 단상관에 떨어질까 두렵다. 여기서 산승은 영가 선사를 말하고, 단상관이란 근본을 모르고 편견에 치우치는 것을 말합니다. 그러니까 공이라 하면 완전히 공인 줄로만 아는 거지요.

비불비시불시非不非是不是여 차지호리실천리差之毫釐失千里로다.

비도 비가 아니고 시도 시가 아닌 도리가 있는데 사람들은 이것을 잘못 생각한단 말이지요. 그 말에 잘못 팔리지 말라는 말입니다. 옳은 게 옳은 게 아니고 그른 게 그른 게 아니라 그것을 떠나서 근본이 있다는 것이지요. 이것을 잘못 알면 조금만 어긋나도 천리로 간격이 생긴다 이 말입니다.

시즉용녀돈성불是卽龍女頓成佛이요 비즉선성생함추非卽善星生陷墜로다.

그러니 용녀라도 바로 되면 성불하고, 선성 비구라도 잘못되면 지옥에 떨어진다. ≪법화경≫ '제바달다품'에 나오는 용녀는 축생이었지만 부처님 법문을 듣고 바로 성불했습니다. 그런데 선성 비구는 부처님 시봉도 많이 하고 법문도 많이 들었지만 껍데기만 공부해서 불교의 근본을 몰랐지요. 바른 안목이 없으면 선성 비구 같은 이도 어긋나서 지옥에 떨어진다 이 말입니다. 그러니까 뭔가 바로 알면 성불하는 것이지, 비구니 뭐니 하는 껍데기에 팔리지 마라 그 소리입니다.

보통 사람들은 용녀 하면 우습게 보고 또 여자라 하면 성불 못 하는 것으로 아는 사람이 있지요. 그렇게 생각이 어긋나면 그게 사도입니다. 용녀라도 바른 소견이면 성불하고 비구라도 한 생각이 헛되면 지옥에 떨어집니다.

어떤 경에 보면 여자는 남자보다 업이 많아서 공부에 지장이 많다는 소리가 있어요. 그러니까 항상 대장부라 하면 남자를 말하는 줄 아는데, 부처님 경전에 나온 대장부란 '뜻이 바로 선 사람', '마음을 바로 쓰는 사람'을 말합니다.

아들 자f는 남녀를 초월해서 씨앗, 종자를 말하는 거지요. 다시 말해 자손을 말하는 겁니다. 자손이나 씨앗이 남자만 있는 게 아니잖아요. 남녀를 초월한 거지. 부처님이 말씀하신 대장부란 마음을 가지고 말하는 거지 육체를 가지고 말한 게 아닙니다.

그래서 '비불비시불시'라, 비라 해도 옳은 게 아니고 시라 해도 옳은 게 아니지요. 부처님의 아들 삼는다니 그것도 안 맞는 말이고 여자가 성불 못 한다니 그것도 안 맞는 말이지요. 그래서 시로 볼 때는 용녀가 성불하고 비로 볼 때면 선성 비구도 지옥 가는 겁니다. 다 연결된 말입니다. 그런 원리로 글을 풀어야지 안 그러면 달리 해석하게 됩니다.

그래서 영가 선사가 "내가 이런 원리를 사람들에게 드러내 보이지 않으면 수행하는 사람이 단상관에 떨어질까 두렵다."는 것이 이런 소리입니다. 아까도 말했지만 옳으면 옳다고만 보고 틀리면 틀리다고만 보는, 전체를 보지 못하는 것을 단상관이라 했어요.

원돈교에는 아무 인정머리가 없어요. 남자인지 여자인지 동부 사람인지 서부 사람인지 그런 인정이 없다는 말이에요. 그 근본을 알지 못하면 중생들이 맨날 다퉈 마음이 쾌하지 못하다는 말입니다. 밖으로 주먹질하고 멱살 잡고 다툰다는 게 아니라.

오조년래적학문吾早年來積學問하고 역증토소심경론亦曾討疏尋經論이로다.

나는 일찍이 오래도록 학문을 쌓고 일찍부터 부처님 경전의 소를 토론하고 경론을 궁구하고 연구해 왔다.

분별명상부지휴分別名相不知休하여 입해산사도자곤入海算沙徒自困이로다.

그렇게 명상을 분별하느라고 쉬지를 않았는데, 그건 바다에 들어가서 모래의 수를 세는 것과 같이 스스로를 피로하게 했다.

각피여래고가책却被如來苦呵責하니 수타진보유하익數他珍寶有何益고.

그러니 도리어 부처님의 호된 꾸짖음만 들어. 남의 보배는 아무리 세어봐야 무슨 이익이 있겠는가.

종래층등각허행從來蹭蹬覺虛行하니 다년왕작풍진객多年枉作風塵客이로다.

    종래에 깨달음을 얻고자 헛되이 행동했으니 많은 세월을 정신 없이 헤매는 사람인 풍진객으로 살아왔구나.

    종성사착지해種性邪錯知解여 부달여래원돈제不達如來圓頓制라.

    삿된 것을 품고 잘못된 알음알이를 품었으니 여래의 근본법에 도달하지 못하였도다.

    이승정진물도심二乘精進勿道心이요 외도총명무지혜外道聰明無智慧로다.

    이승은 불교의 근본을 배격한 거지요. 이승은 항상 닦아도 불교의 근본에 도달 못 한 사람을 말해요. 근본 도를 구하려는 바른 마음을 도심이라 합니다. 그러니까 이승은 정진을 해도 도심이 없어서 엉뚱한 데서 헤맨다 그 말입니다. 외도는 총명하나 지혜가 없다. 불교의 근본을 모르니까 당연하지요.

    역우치역소해亦愚癡亦小騃하니 공권지상생실해空拳指上生實解로다.

    또한 어리석고 또한 어리석다. 허깨비인 주먹이나 손가락 위에다가 진실하다는 알음알이를 내는구나. 쉽게 말하면 허깨비에 헤맨다는 말이지요.

집지위월왕시공執指爲月枉施功하고 **근경진중허날괴**根境塵中虛捏怪로다.

아이들을 보고 '저 달을 보라.' 하면 달은 안 보고 손가락 끝만 보거든요. 이것을 집지위월이라고 합니다. 손가락에 집착해서 달로 삼으니 공덕을 베푸는데 헛되이 할 뿐이다. 그러니까 자기는 잘한다고 했는데 헛된 일만 한단 말이지요. 그래서 육근과 육경의 티끌 안에서 헛되이 헤맨다. 부처님의 말을 바로 알아야지 그 근본을 모름을 비유한 거지요.

불견일법즉여래不見一法卽如來니 **방득명위관자재**方得名爲觀自在로다.

한 법도 보지 않는 것이 바로 여래다. 보지 못하는 게 아니라 그렇게 안 본다는 말입니다. 뭐든 하나가 걸리면 불법이 아닌 거지요. 그것이 바로 자유자재한 관자재로다.

무언가 '이것이 부처다.' 하고 법을 정하면 벌써 어긋났다 이 말입니다. 뭔가 알음알이가 있으면 벌써 걸리는 거라. 먼지 하나만 눈에 걸려도 눈이 어지러워서 허깨비꽃이 보인다는 말이 있지요. 우리의 근본 마음을 항상 보호해야지 어떤 신통이나 변화나 경계에 걸리지 말라는 이야기입니다.

요즉업장본래공了卽業障本來空이고 **미료환수상숙채**未了還須償宿債라.

공부를 다해 마치면 우리의 업장이 본래 공하고, 공부를 다 마치지 못하면 오히려 묵은 빚으로 갚아야 된다는 말이지요.

기봉왕선불능손飢逢王膳不能飡이고 병우의왕쟁득차病遇醫王爭得瘥라.

굶주렸으나 임금이 베푼 좋은 요리를 마주 대해도 먹지 못하고, 병들어서 명의를 만난들 어찌 낫겠느냐. 아무리 좋은 부처님 법을 만나도 모르는 사람은 모른다는 것을 비유한 겁니다. 아무리 좋은 것을 보아도 받아들일 능력이 없으면 소용없는 거라. 자기 소견이 있어야 된다 이 말입니다.

재욕행선지견력在欲行禪知見力이여 화중생련종불괴火中生蓮終不壞로다.

우리 모두가 오욕락 속에 있긴 하지만 행선하는 지견력을 내니, 불속의 연꽃이라 무너지지 않는구나. 지견력이란 무엇인가를 판단하는 지혜의 힘을 말합니다.

근본 자리를 알면 오욕락 속에 살면서도 연꽃이 불에 타지 않듯이, 이 근본 마음에는 일체의 망상이나 죄악이 붙을 수 없어요. 허공에 아무것도 붙지 않는 것과 마찬가지입니다. 만약 부처님의 경계를 알고자 하거든 저 허공같이 하라는 말입니다. 생각 일어나는 그 번뇌 망상을 다 여의면 마음 가는 곳에 아무 거리낌 없다는 뜻이지요.

용시범중오무생勇施犯重悟無生**하니 조시성불우금재**早是成佛于今在**로다.**

용시 비구는 중죄를 범했으나 남이 없는 법을 깨달아서 일찍이 부처가 되었음이 지금까지 전해온다. 용시 비구는 구원겁久遠劫 전 무구광여래 때 살았던 비구인데 유부녀와 정을 통하다가 남편이 이 사실을 알게 되자 여인과 공모해 남편을 독살하고 고민했어요. 그런데 음행과 살생이라는 상식으로는 도저히 구제받지 못할 것 같은 중죄를 범한 용시 비구도 비국다라 보살의 가르침을 받고 깨달았다는 이야기가 있는데 그것을 말해요.

사자후무외설師子吼無畏說**에 심차몽동완피달**深嗟懵憧頑皮靼**이로다.**

이 같은 사자후의 거리낌 없는 설법에 어리석은 완피달은 아주 슬프게 부르짖는구나. 완피달이라 하면 가죽이 두꺼워서 송곳 하나 들어가지 않을 만큼 딱딱한 것인데, 여기서는 어리석어서 자유자재한 정법을 알지 못하고 방황하는 무리를 말한다고 보면 됩니다.

지지범중장보리只知犯重障菩提**요 불견여래개비결**不見如來開秘訣**이로다.**

중죄를 범하면 보리를 막는 줄로만 알지 여래께서 그 비결을 여신 줄을 모르는구나. 앞에 말을 보충 설명하고 있어요.

유이비구범음살有二比丘犯婬殺하니 바리형광증죄결波離螢光增罪結이라.

≪유마경維摩經≫에 나오는 이야기입니다. 본의 아니게 두 비구가 음계와 살계를 범하고 걱정 끝에 율행제일인 우바리 존자를 찾아갔어요. 그러자 우바리 존자는 음행하고 살인한 죄는 참회할 길이 없어 영원히 아비지옥에 떨어질 것이라 말했어요. 형광이란 개똥벌레가 내는 빛을 말하는데, 그리 밝지 못한 개똥벌레 빛과 같은 우바리 존자의 소견은 두 비구의 죄를 더욱 무겁게만 했지 그들의 공부에는 도움을 주지 못했다 이 말입니다.

유마대사돈제의維摩大士頓除疑여 환동혁일소상설還同赫日消霜雪이로다.

그런데 두 비구가 그 이야기를 듣고 돌아가다 유마 거사를 만났는데, 유마 거사가 그 의심을 풀어준 겁니다. 빛나는 태양이 눈과 서리를 녹여버리듯이 말이지요. 유마 거사가 대승법문을 해서 그 죄를 다 녹여주었다는 옛이야기입니다.

부사의해탈력不思議解脫力이여 묘용항사야무극妙用恒沙也無極이로다.
헤아릴 수 없는 부사의 해탈력이여, 그 묘한 작용이 항하사 같아 끝이 없구나.

사사공양감사로四事供養敢辭勞아 만량황금역소득萬兩黃金亦銷得이로다.

사사 공양을 어떻게 사양할 수 있겠느냐. 만량의 황금도 나는 다 녹일 수 있다. 사사 공양은 제불 보살에게 올리는 의복, 음식, 의약, 잠자리를 말합니다.

분골쇄신미족수粉骨碎身未足酬요 일구요연초백억一句了然超百億이로다.

뼈가 가루가 되고 몸이 부서진다 하는 그런 것은 공부에 별 도움이 안 돼. 한 구절의 이치를 바로 알면 백억 법문을 뛰어넘는다는 말이지요. ≪증도가≫는 대승법문이거든요. 근본 진리에서 말하기 때문에 십대제자든 뭐든 일체 용납이 안 되는 그 진리를 말한다는 걸 염두에 두고 있어야 바르게 해석이 됩니다.

법중왕최고승法中王最高勝이여 하사여래동공증河沙如來同共證이로다.

법 가운데서도 왕, 가장 높은 수승함인데 항하사의 모든 부처가 똑같이 이 진리를 증득했도다.

아금해차여의주我今解此如意珠하니 신수지자개상응信受之者皆相應이로다.

내가 이제 이 여의주를 알았으니 믿고 따르는 자는 다 상응하리

라. 여의주란 마음이 자유자재한 근본 자리를 말합니다. 이제 내 설법을 믿고 따르는 사람은 다 그 도리를 알 것이라 이 말입니다.

요요견무일물了了見無一物이여 역무인혜역무불亦無人兮亦無佛이로다.

밝고 밝게 알면 한 물건도 없음이요. 사람이라 할 것도 없고 부처라 할 것도 없다.

대천세계해중구大千世界海中漚요 일체성현여전불一切聖賢如電拂이로다.

대천세계가 바다의 물거품 같은 것이요. 모든 성현이 번갯불 같은 존재라.

가사철륜정상선假使鐵輪頂上旋하나 정혜원명종불실定慧圓明終不失이로다.

설사 칼수레 바퀴를 빙빙 돌려 내 목을 자른다 해도 정과 혜가 뚜렷하여 그 밝음을 잃어버리지 않는구나. 죽고 사는 찰나에도 정과 혜가 뚜렷한 내 소견은 흔들림이 없다는 말이지요.

일가냉월가열日可冷月可熱이언정 중마불능괴진설衆魔不能壞眞說이로다.

마구니들이 비록 해를 차갑게 하고 달은 뜨겁게 할 재주가 있을

제6장 증도가 299

지는 몰라도 부처님의 진리를 무너뜨릴 수는 없다.

상가쟁영만진도象駕崢嶸漫進途이니 수견당랑능거철誰見螗螂能拒轍고.

코끼리가 끄는 수레가 당당하게 길을 가는데 그 길을 말똥구리가 가로막는 것을 누가 보았는가. 중생들이 어리석고 좁은 소견을 가지고 어림도 없는 짓을 하지만 소용이 없다는 말입니다.

대상불유어토경大象不遊於兎徑이요 대오불구어소절大悟不拘於小節이니.

큰 코끼리는 토끼의 길에서 놀지 않아 크게 깨달으면 조그마한 절구에 구애받지 않는다. 크게 깨친 사람은 좁은 소견 가진 율사와 같은 세계에서 놀지 않는다는 말입니다.

막장관견방창창莫將管見謗蒼蒼하라 미료오금위군결未了吾今爲君決이로다.

가느다란 대쪽 구멍 같은 조그만 소견으로 비방하고 참견하지 마라. 내가 이제 알지 못하는 그대를 위해 이 비결을 말하노라.

우리가 일을 하거나 놀거나 상관없이 우리 마음 자체는 부증불감입니다. 그런데 그 근본 마음을 몰라요. 마음에 비치는 그림자에 헤매는 겁니다. 그래서 희로애락이나 친하고 원수 맺는 그런 세상일들이 벌어지는 겁니다. 정진은 한데에 집중해서 근본 마음 자리로 돌아가는 것을 말합니다. 본시 때 묻지 않은 마음, 그 마음 깨치는 게 핵심입니다.

육조 스님은 마음에는 어떤 형단도 없는데 거기에 때 묻고 할 그런 너절한 게 붙을 수 없다고 했어요. 모든 상념을 다 떨치고 체달해서 근본 자리로 돌아가 보면 확연하게 알 수 있는데, 이건 말로 해선 설명이 안 됩니다. 자기가 체달해서 무념의 세계에 들어가 봐야 압니다. 우리가 공부하는 것은 그렇게 될 때까지 마음을 자꾸 그쪽으로 몰아넣는 겁니다.

보통 사람들은 자기 마음에 일어나는 생각을 자꾸 따라가요. 그런데 그걸 따라가다 보면 끝이 없어요. 일어나는 상념을 즉시 내려놓고 마음의 근본 자리를 찾아가는 것이 공부고 수행입니다.

근본을 돌이키기 위해 무無자 화두를 한다, '이 뭣고'를 한다 하는데 결국 팔만사천법문은 유념有念 아니겠어요. 모든 망상과 생각이 일어나지 않는 것이 무념인데 중생은 무념 세계에서 살지 않고 항상 유념 세계에 꺼들려 있어서 뭔가 생각을 일으켜요. 그 일으키는 근본 자리를 돌이키면 거기에 시간과 공간을 초월한 영원히 불생불멸하는 자기 생명을 볼 수 있는데도 말이에요. 그 근본 자리로 우리 마음을 몰아가야 합니다.

사실 우리가 공부한다면서 열심히 기도해도 처음에는 모두 유념으로 해요. 복 빌겠다고 열심히 기도하는 거지요. 그러나 자꾸 하다 보면 염도염궁무념처念到念窮無念處라, 생각이 일어나고 일어나다 무념처에 도달한다는 말이지요. 육문상방자금광六門常放紫金光이라, 그러다가 무념처에 떡 들어가 보면 안이비설신의 육근이 그대로 빛을 냅니다. 그게 무슨 소리냐. 무념이 되면 본시 갖고 있는 근본 자리를 보게 되는데 그게 견성 성불 자리라는 말입니다.

글로 쓰고 하는 것도 다 생각 가지고 하는 것이고 그 생각이란 일어났다 꺼지는 그림자입니다. 그 그림자가 어디에서 일어나느냐를 깊이 따지다 보면 무념 속에서 빛나는 자기 인생을 보게 됩니다.

그러니까 시간과 공간이 일어나기 전에 근본 자리가 있었다 이 말입니다. 머리도 없고 꼬리도 없고 냄새도 없고 빛도 없고 모양도 그릴 수 없고 이름도 붙일 수 없는 그런 자리를 생각해 보세요. 그건 유념으론 안 됩니다. 그게 무념 세계입니다. 이것은 언제 일어난 것도 없어지는 것도 아니거든요. 이 세계는 우리 상념으로 우리 생각으로는 안 됩니다. 시작이 그러면 이미 어긋나 버리지요.

≪증도가≫도 그렇고 모든 법문이 아직 그 세계에 들지 못한 사람을 그곳으로 몰아넣는 겁니다. ≪증도가≫도 진정으로 그 뜻을 알려면 자기가 무념으로 들어가는 공부를 해봐야 합니다. 그렇게 하면 사실 이 뜻을 이해하는 건 어렵지가 않아요. 글 전체가 우리를 무념으로 몰아넣는 것이거든요. 그러니까 말하고는 연신 털어버려요. 무념으로 들어가게 이끌어줍니다. 세상 사람들이 유념의

세계에서 그것이 근본인 줄 알고 오는 곳도 모르고 가는 곳도 모르면서 날마다 헤매니까, 꿈 깨서 근본 자리로 돌아가라고 이야기하는 겁니다. 그게 불교지요.

부처님이 팔만사천법문을 다 해놓고도 내가 법문한 바가 없다 한 것도 다 그 말입니다. 도저히 말로는 안 돼요. 말이란 달을 가리키는 손가락 같은 겁니다. 말로 할 수 없으니까 달을 가리켰는데 아이들은 손가락만 봐요. 중생이 아이와 같아서 말에 팔려서 말로 다 하려고 하기 때문에 공부하는 데 문제가 되는 겁니다. 말이 떨어지는 곳을 봐야 한다 이 말입니다.

부처님은 평생 말 한마디 한 바 없다 그랬어요. 중생이 온갖 망상 속에 헤매니까 병 고치기 위해서 팔만사천 잔소리는 했지만 근본은 한마디도 말한 게 없다 했어요.

팔만사천이란 숫자가 아니라 부사의 수를 말해요. 끝없는 수라는 말입니다. 중생이 끝없는 망상을 피우니 그것을 제거하고자 잔소리한 게 팔만사천법문이 된 거고 거기에서 팔만사천 번뇌가 나온 거란 말입니다.

이것을 대번에 못 알아들으니까 자꾸 글과 말로 설명하는데, 근본을 이해하면 설사 표현인 말이 조금 어긋나도 큰 허물이 될 건 없어요. 대의만 어긋나지 않으면 됩니다. 불교는 깨달음의 종교지 신앙의 종교가 아니므로 그것만 알고 수행해 나가면 됩니다.

서암 홍근 대종사 행장
西庵 鴻根 大宗師 行狀

서암 홍근 대종사 西庵 鴻根 大宗師
1914~2003

성姓은 송宋, 이름은 홍근鴻根이다. 1914년 10월 8일 아버지 송동식宋東植과 어머니 신동경申東卿 사이에서 5남 1녀 중 셋째로, 어머니가 '고목에서 꽃이 피고 수많은 별들이 쏟아지며 거북이 나타나는' 태몽을 꾼 다음 경상북도 풍기읍 금계동에서 태어났다.

절개가 굳은 의인이었던 아버지는 일제 치하에 풍기 일원의 독립운동단체 지도자로 활약하였다. 이런 까닭에 가족은 삶의 터전을 잃고 안동, 단양, 예천, 문경 등지를 떠돌 수밖에 없었고, 스님은 유년 시절을 추위와 굶주림 속에서 보냈다.

"많이 배워라. 기상을 죽이지 마라."는 아버지의 가르침과 헌신적인 어머니의 희생 덕분에 동네 서당과 단양의 대강보통학교, 예천의 대창학원 등에서 품팔이를 하면서 한학과 신학문을 배웠다.

인간의 삶과 진실, 세계와 우주의 질서, 그 비밀에 접근하는 열쇠를 발견한 것처럼 책을 탐독했고, 틈만 나면 사유와 사색에 젖어 들었다. 그중에서도 러시아 작가들의 책을 즐겨 읽었다.

타고난 영민함, 박학다식 그리고 깊은 사색으로 인생에 대한 진지한 논쟁을 여러 사람들과 나누었는데 어린 나이였지만 필적할 만한 이가 없었다.

그러던 중 "책이나 선생들로부터 들은 것 말고 단 한마디라도 좋으니 네 자신의 이야기를 해보라."는 예천 서악사 화산華山 스님의 말씀에 최초로 부끄러움을 배우고 "제 인연은 스님에게 있습니다."라는 말과 함께 머슴과 같은 행자 생활을 하게 되었으니 15세(1928년)의 일이다.

고된 생활 가운데에서도 당시 대강백이었던 화산 스님께 초발심자경문初發心自警文, 치문緇門, 의식儀式 등을 틈틈이 배우며 출가 수행자로서 기반을 다졌다.

은사인 화산 스님이 3년이라는 긴 행자 생활을 지내도 사미계沙彌戒를 줄 생각이 없자, 당시 경허鏡虛 스님과 교분이 있던 장진사의 간청에 의해 비로소 본사인 김용사에서 19세(1932년)의 나이로 낙순 화상을 계사로 모시고 사미계를 받았다. 법명은 홍근弘根, 수계 후 김용사 강원에서 수학하였다.

22세(1935년)에 김용사 강원 생활 중 금오金烏 스님을 모시고 보살계와 비구계를 받고, 이후 대덕법계를 품수하게 되었다. 법호를 서암西庵으로 받았다. 김용사 강원에서 동학同學 가운데 출중하여 가히 군계일학群鷄一鶴이라 할 만하였다.

타고난 학문에 대한 열정으로 일본 유학을 결심한 후 강원에서 내전內典을 보는 동시에 독학으로 유학 준비를 하여 25세(1938년)에 종비장학생으로 가난한 유학 길에 오른다.

선진 학문을 접하면서 넓어지는 안목의 변화에 하루하루 가슴이 벅차올랐으나 이를 위해서 힘든 노동과 배고픔의 대가를 치러야 했다. 자신도 모르게 육체는 깊은 병을 만들어 가고 있었고, 결국 당시에는 사형선고와 같은 폐결핵이라는 진단을 받게 된다. 귀국하여 '세상에서의 마지막 봉사'라는 생각으로 각혈을 하면서도 모교인 대창학원에서 1년 동안 학생들을 지도하였다. '시한부 인생'이라고 생각하며 남은 정열을 쏟아부었으나 죽음은 쉽게 오지 않았다. '생사의 근본도리!' 이것이 저절로 스님에게는 화두가 되어 있었다.

죽음만을 기다리며 사는 것이 헛되다고 돌이키며 28세(1941년)에 김용사 선원에서 수선안거修禪安居에 들어갔다. 여름과 겨울이 지나가면서 마음은 맑아지고 몸은 가벼워졌다.

이듬해 봄이 되어 북쪽으로 만행하던 중, 철원 심원사에서 스님의 학식을 흠모하는 여러 스님들의 간청에 못 이겨 《화엄경》을 1년간 강의하였다.

이후 금강산 마하연과 신계사에서 여름 안거를 마치니, 어느덧 몸에 있던 병마는 흔적 없이 사라졌다. 가을이 되자 다시 길을 떠나 묘향산, 백두산 등지를 거쳐 다시 남쪽으로 내려와 문경 대승사의 천연동굴에서 성철性澈 스님과 함께 용맹정진하였다.

32세(1945년)에는 광복이 되자 산에서 내려와 예천포교당에 머물며 징병·징용당하여 죽음의 땅에서 돌아온 동포들에게 보금자리를 마련해 줌과 동시에 불교 청년운동을 전개하였다.

이듬해에는 계룡산 골짜기에 있는 '나한굴羅漢窟'이라는 천연동굴로 들어갔다. '깨달음을 얻기 전에는 살아서 이 바위굴에서 나가지 않으리라!' 이와 같은 목숨을 건 정진으로 머리는 산발하고 뼈만 앙상하게 남았으나, 의식은 오히려 맑아졌다. 나중에는 잠도 잊고 먹는 것도 잊은 채 선정삼매禪定三昧의 날들을 보내다가, 한순간 탄성이 저절로 터져 나왔다.

본무생사本無生死라!
삶과 죽음의 경계마저 한갓 공허한 그림자처럼 사라진 것이다.

계룡산에서 내려온 뒤에도 수행의 고삐를 늦추지 않았다. 만공滿空 스님 회상의 정혜사와 한암漢巖 스님 회상의 상원사 그리고 해인사, 망월사, 속리산 복천암, 계룡산 정진굴, 대승사 묘적암 등지에서 계속 정진하였다.

33세(1946년)부터 35세(1948년)까지 금오金烏 스님과의 인연은 각별했다. 지리산 칠불암과 광양 상백운암, 보길도 남은사, 계룡산 사자암에서 금오 스님을 모시고 정진을 하게 되었는데, 특히 칠불암에서의 '공부하다 죽을 각오를 한 정진'은 지금까지도 유명한 일화로 남아 있다.

38세(1951년) 이후부터는 문경군 농암면에 있는 원적사에 주로 머물렀다. 맹렬한 정진력과 깊은 지혜, 통쾌한 변재와 절도 있는 생활은 여러 수좌들의 귀감이 되었다. 그런 까닭에 주변에는 늘 스님의 도를 흠모하는 수좌들이 함께했다. 낮에는 대중들과 함께 정진하고, 밤이 되면 혼자 산으로 올라가 새벽예불 시간이 되어서야 내려왔다. 원적사에서의 정진도 칼날 같았다.

범어사, 동화사, 함창포교당, 태백산 홍제암, 각화사 동암, 상주 청계산 토굴, 나주 다보사, 백양사, 지리산 묘향대, 천축사 무문관, 통도사 극락암, 제주 천왕사, 김용사 금선대, 상주 갑장사 등지에서도 한결같은 모습을 볼 수 있었다.

57세(1970년)에 봉암사 조실祖室로 추대되었으나 사양하고 선덕禪德 소임을 자청하여 원적사를 오갔다. 당시 봉암사 대중들이 선방 벽에 붙어 있는 용상방龍象芳에 스님의 법호를 조실 자리에 붙이면 스님은 떼어내고, 대중들이 붙이면 다시 떼어내곤 하였다.

62세(1975년)에는 제10대 조계종 총무원장을 맡아 어려운 종단 사태를 수습하고 2개월 만에 사퇴하였다.

65세(1978년) 이후부터는 봉암사 조실로 머물면서, 헤이해진 승풍僧風을 바로 잡고 낙후된 가람을 새롭게 중창하였다. 한편 수행 환경을 위해 전국에서는 유일하게 산문山門을 막아 일반인의 출입을 통제하였다. 봉암사는 오늘날 '모든 수좌들의 고향'으로 자리 잡고 있다.

78세(1991년)에는 조계종 원로회의 의장을 맡아 성철 스님을 종정으로 재추대하여 종단의 중심을 잡은 후에 미련 없이 산으로 돌아왔다.

80세(1993년)에는 제8대 조계종 종정으로 추대되었다. 그러나 이듬해에 종정직과 함께 봉암사 조실까지 사임하고, 거제도, 삼천포, 팔공산 등지를 거쳐 태백산 자락에 토굴을 지어 '무위정사無爲精舍'라 이름하고 무위자적하였다.

88세(2001년)에 봉암사 대중들의 간청에 의하여 8년 만에 봉암사 염화실로 돌아와 한거閑居하였다.

90세(2003년) 3월 29일 오전 7시 50분 무렵 봉암사 염화실에서 "한말씀 남기시라."는 제자들의 거듭된 요청에 "그 노장 그렇게 살다가 그렇게 갔다고 해라."는 마지막 말씀을 남기고 열반하였다. 4월 3일 봉암사에서 다비가 행해졌으나 생전 스님의 말씀에 따라 사리를 수습하지 않았다.

"마음이 밝으면 천하가 밝아진다. 그게 불교라네."